Aprendendo Hangul básico para
falantes do idioma português

포르투칼어를 사용하는 국민을 위한

# 기초 한글배우기

## 1 기초편

Nº 1 Edição Básica

권용선 저

Aprendendo Coreano em
Português

■ 세종대왕(조선 제4대 왕)
O grande Rei Sejong,
(4º Rei da Dinastia Joseon)

대한민국 대표한글
K - 한글
www.k-hangul.kr

## 유네스코 세계문화유산
## Património Mundial da UNESCO

■ **세종대왕 탄신 627돌(2024.5.15) 숭모제전**
- 분향(焚香) 및 헌작(獻爵), 독축(讀祝), 사배(四拜), 헌화(獻花), 망료례(望燎禮), 예필(禮畢), 인사말씀(국무총리)

■ **무용 : 봉래의(鳳來儀) | 국립국악원 무용단**
- '용비어천가'의 가사를 무용수들이 직접 노래하고 춤을 춤으로써 비로소 시(詩), 가(歌), 무(舞)가 합일하는 악(樂)을 완성하는 장면

■ 영릉(세종·소헌왕후)
조선 제4대 세종대왕과 소헌왕후 심씨를 모신 합장릉이다.
세종대왕은 한글을 창제하고 혼천의를 비롯한 여러 과학기기를 발명하는 등 재위기간 중 뛰어난 업적을 이룩하였다.

■ 소재지(Location): 대한민국 경기도 여주시 세종대왕면 영릉로 269-10

■ 대표 업적
- 한글 창제: 1443년(세종 25년)~1446년 9월 반포
- 학문 창달
- 과학의 진흥
- 외치와 국방
- 음악의 정리
- 속육전 등의 법전 편찬 및 정리
- 각종 화학 무기 개발

※Património Mundial da UNESCO※
■ Yeongneung (Sejong e Rainha Soheon)
Este é o túmulo conjunto dedicado ao Rei Sejong, o quarto rei da Dinastia Joseon, e à Rainha Soheon e Shin.
O grande Rei Sejong alcançou conquistas notáveis durante seu reinado, incluindo a criação do Hangul e a invenção de diversos dispositivos científicos, incluindo a esfera armilar.

■ Localização: #269-10 Yeongneung-ro, Sejongdaewang-myeon, Yeoju-si, Gyeonggi-do, Coreia do Sul

■ Realizações Representativas
- Criação do Hangul: 1443 (25º ano do reinado do Rei Sejong) – Promulgado em setembro de 1446
- Avanço acadêmico
- Divulgação da ciência
- Diplomacia e a defesa nacional
- Organização de músicas
- Compilação e organização de códigos legais como Sokyukjeon, etc
- Desenvolvimento de diversas armas químicas

# 머리말 Prefácio

**Let's learn Hangul!**

O Hangul tem 14 consoantes, 10 vogais além de combinações de consoantes duplas e vogais compostas para formar sons. As combinações do Hangul consistem em aproximadamente 11.170 caracteres, dentre eles aproximadamente 30% são usados como caracteres principais. O conteúdo deste livro é baseado em palavras coreanas frequentemente usadas na rotina diária e foi desenvolvido com foco nos seguintes pontos.

- Consiste em conteúdos básicos de aprendizagem baseados nas consoantes e vogais do Hangul.
- A ordem dos traços do Hangul foi apresentada para solidificar a base para o uso correto do Hangul.
- Dedicamos muito espaço à"escrita" para que possam adquirir o Hangul naturalmente através do aprendizado repetitivo da escrita.
- Estamos fornecendo dados para estudo paralelo com livros didáticos em nosso site (www.K-hangul.kr).
- O conteúdo foi composto focado em letras e palavras frequentemente usadas na vida cotidiana na Coreia.
- Reduzimos o conteúdo do Hangul com uso de baixa frequência e incluímos apenas o conteúdo essencial.

Aprender um novo idioma é aprender sobre a cultura e oferecer uma oportunidade para ampliar o pensamento. Este livro é um livro didático básico para aprender Hangul, portanto, se você aprender o conteúdo completamente, obterá uma ampla compreensão não apenas do Hangul, mas também sobre a cultura e sobre o pensamento coreano. Obrigado.

k-hangul Publisher: Kwon, Yong-sun

한글은 자음 14자, 모음 10자 그 외에 겹자음과 겹모음의 조합으로 글자가 이루어지며 소리를 갖게 됩니다. 한글 조합자는 약 11,170자로 이루어져 있는데, 그중 30% 정도가 주로 사용되고 있습니다. 이 책은 실생활에서 자주 사용하는 우리말을 토대로 내용을 구성하였고, 다음 사항을 중심으로 개발되었습니다.

- 한글의 자음과 모음을 기초로 배우는 기본학습내용으로 이루어져 있습니다.
- 한글의 필순을 제시하여 올바른 한글 사용의 기초를 튼튼히 다지도록 했습니다.
- 반복적인 쓰기 학습을 통해 자연스레 한글을 습득할 수 있도록 '쓰기'에 많은 지면을 할애하였습니다.
- 홈페이지(www.k-hangul.kr)에 교재와 병행 학습할 수 있는 자료를 제공하고 있습니다.
- 한국의 일상생활에서 자주 사용되는 글자나 낱말을 중심으로 내용을 구성하였습니다.
- 사용빈도가 높지 않은 한글에 대한 내용은 줄이고 꼭 필요한 내용만 수록하였습니다.

언어를 배우는 것은 문화를 배우는 것이며, 사고의 폭을 넓히는 계기가 됩니다. 이 책은 한글 학습에 기본이 되는 교재이므로 내용을 꼼꼼하게 터득하면 한글은 물론 한국의 문화와 정신까지 폭넓게 이해하게 될 것입니다.

※참고 : 본 교재는 ❶기초편으로, ❷문장편 ❸대화편 ❹생활 편으로 구성되어 출간 판매 중에 있습니다.
Nota: Este livro é composto e vendido da seguinte forma: ❶Edição Básica, ❷Edição de Sentenças, ❸Edição de Conversação ❹ Edição Estilo de vida.

※판매처 : 교보문고, 알라딘, yes24, 네이버, 쿠팡 등
Local de venda: Livraria Kyobo, Aladdin, yes24, Naver, Coupang, etc.

저자 **권용선**

# 차례 Ordem

제1장

# 자음

Capítulo 1
Consoantes

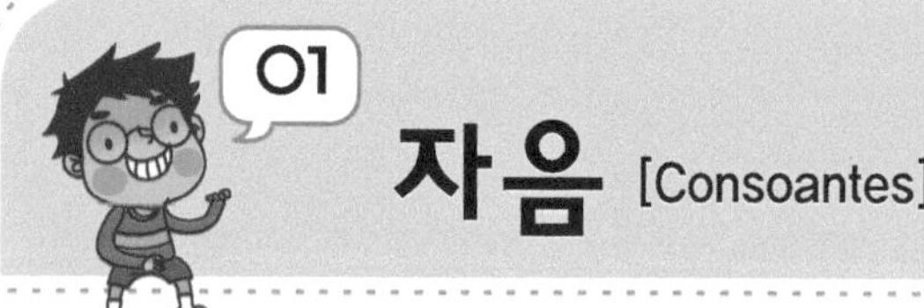

# 01 자음 [Consoantes]

월 일

## 자음 읽기 [Leitura de consoantes]

| ㄱ | ㄴ | ㄷ | ㄹ | ㅁ |
|---|---|---|---|---|
| 기역(Giyeok) | 니은(Nieun) | 디귿(Digeut) | 리을(Rieul) | 미음(Mieum) |
| ㅂ | ㅅ | ㅇ | ㅈ | ㅊ |
| 비읍(Bieup) | 시옷(Siot) | 이응(Ieung) | 지읒(Jieut) | 치읓(Chieut) |
| ㅋ | ㅌ | ㅍ | ㅎ | |
| 키읔(Kieuk) | 티읕(Tieut) | 피읖(Pieup) | 히읗(Hieut) | |

## 자음 쓰기 [Escrita de consoantes]

| ㄱ | ㄴ | ㄷ | ㄹ | ㅁ |
|---|---|---|---|---|
| 기역(Giyeok) | 니은(Nieun) | 디귿(Digeut) | 리을(Rieul) | 미음(Mieum) |
| ㅂ | ㅅ | ㅇ | ㅈ | ㅊ |
| 비읍(Bieup) | 시옷(Siot) | 이응(Ieung) | 지읒(Jieut) | 치읓(Chieut) |
| ㅋ | ㅌ | ㅍ | ㅎ | |
| 키읔(Kieuk) | 티읕(Tieut) | 피읖(Pieup) | 히읗(Hieut) | |

# 자음 [Consoantes]

월 일

## 자음 익히기 [Aprendizagem de consoantes]

다음 자음을 쓰는 순서에 맞게 따라 쓰세요.
(Escreva as seguintes consoantes na ordem correta.)

| 자음 Consoante | 이름 Nome | 쓰는 순서 Ordem de Escrita | 영어 표기 Notação em Inglês | 쓰기 Escrita | | | | | |
|---|---|---|---|---|---|---|---|---|---|
| ㄱ | 기역 | ㄱ ① | Giyeok | ㄱ | | | | | |
| ㄴ | 니은 | ㄴ ① | Nieun | ㄴ | | | | | |
| ㄷ | 디귿 | ㄷ ① ② | Digeut | ㄷ | | | | | |
| ㄹ | 리을 | ㄹ ① ② ③ | Rieul | ㄹ | | | | | |
| ㅁ | 미음 | ㅁ ① ② ③ | Mieum | ㅁ | | | | | |
| ㅂ | 비읍 | ㅂ ① ② ③ ④ | Bieup | ㅂ | | | | | |
| ㅅ | 시옷 | ㅅ ① ② | Siot | ㅅ | | | | | |
| ㅇ | 이응 | ㅇ ① | Ieung | ㅇ | | | | | |
| ㅈ | 지읒 | ㅈ ① ② | Jieut | ㅈ | | | | | |
| ㅊ | 치읓 | ㅊ ① ② ③ | Chieut | ㅊ | | | | | |
| ㅋ | 키읔 | ㅋ ① ② | Kieuk | ㅋ | | | | | |
| ㅌ | 티읕 | ㅌ ① ② ③ | Tieut | ㅌ | | | | | |
| ㅍ | 피읖 | ㅍ ① ② ③ ④ | Pieup | ㅍ | | | | | |
| ㅎ | 히읗 | ㅎ ① ② ③ | Hieut | ㅎ | | | | | |

# 03 한글 자음과 모음표 [Tabela de consoantes e vogais Hangul]

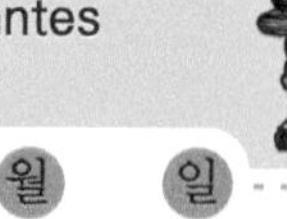

월 일

※ 참고 : 음절표(18p~37P)에서 학습할 내용

| mp3<br>자음 모음 | ㅏ<br>(아) | ㅑ<br>(야) | ㅓ<br>(어) | ㅕ<br>(여) | ㅗ<br>(오) | ㅛ<br>(요) | ㅜ<br>(우) | ㅠ<br>(유) | ㅡ<br>(으) | ㅣ<br>(이) |
|---|---|---|---|---|---|---|---|---|---|---|
| ㄱ<br>(기역) | 가 | 갸 | 거 | 겨 | 고 | 교 | 구 | 규 | 그 | 기 |
| ㄴ<br>(니은) | 나 | 냐 | 너 | 녀 | 노 | 뇨 | 누 | 뉴 | 느 | 니 |
| ㄷ<br>(디귿) | 다 | 댜 | 더 | 뎌 | 도 | 됴 | 두 | 듀 | 드 | 디 |
| ㄹ<br>(리을) | 라 | 랴 | 러 | 려 | 로 | 료 | 루 | 류 | 르 | 리 |
| ㅁ<br>(미음) | 마 | 먀 | 머 | 며 | 모 | 묘 | 무 | 뮤 | 므 | 미 |
| ㅂ<br>(비읍) | 바 | 뱌 | 버 | 벼 | 보 | 뵤 | 부 | 뷰 | 브 | 비 |
| ㅅ<br>(시옷) | 사 | 샤 | 서 | 셔 | 소 | 쇼 | 수 | 슈 | 스 | 시 |
| ㅇ<br>(이응) | 아 | 야 | 어 | 여 | 오 | 요 | 우 | 유 | 으 | 이 |
| ㅈ<br>(지읒) | 자 | 쟈 | 저 | 져 | 조 | 죠 | 주 | 쥬 | 즈 | 지 |
| ㅊ<br>(치읓) | 차 | 챠 | 처 | 쳐 | 초 | 쵸 | 추 | 츄 | 츠 | 치 |
| ㅋ<br>(키읔) | 카 | 캬 | 커 | 켜 | 코 | 쿄 | 쿠 | 큐 | 크 | 키 |
| ㅌ<br>(티읕) | 타 | 탸 | 터 | 텨 | 토 | 툐 | 투 | 튜 | 트 | 티 |
| ㅍ<br>(피읖) | 파 | 퍄 | 퍼 | 펴 | 포 | 표 | 푸 | 퓨 | 프 | 피 |
| ㅎ<br>(히읗) | 하 | 햐 | 허 | 혀 | 호 | 효 | 후 | 휴 | 흐 | 히 |

제2장

# 모음

Capítulo 2
Vogais

# 01 모음 [Vogais]

월 일

## 모음 읽기 [Leitura de vogais]

| ㅏ | ㅑ | ㅓ | ㅕ | ㅗ |
|---|---|---|---|---|
| 아(A) | 야(Ya) | 어(Eo) | 여(Yeo) | 오(O) |
| ㅛ | ㅜ | ㅠ | ㅡ | ㅣ |
| 요(Yo) | 우(U) | 유(Yu) | 으(Eu) | 이(I) |

## 모음 쓰기 [Escrita de vogais]

| ㅏ ①② | ㅑ ①②③ | ㅓ ①② | ㅕ ①②③ | ㅗ ①② |
|---|---|---|---|---|
| 아(A) | 야(Ya) | 어(Eo) | 여(Yeo) | 오(O) |
| ㅛ ①②③ | ㅜ ①② | ㅠ ①②③ | ㅡ ① | ㅣ ① |
| 요(Yo) | 우(U) | 유(Yu) | 으(Eu) | 이(I) |

# 02 모음 [Vogais]

월 일

## 모음 익히기 [Aprendizagem de vogais]

다음 모음을 쓰는 순서에 맞게 따라 쓰세요.
(Escreva as seguintes vogais na ordem correta.)

| 모음<br>Vogal | 이름<br>Nome | 쓰는 순서<br>Ordem de Escrita | 영어 표기<br>Notação em Inglês | 쓰기<br>Escrita | | | | | |
|---|---|---|---|---|---|---|---|---|---|
| ㅏ | 아 | ① ② | A | ㅏ | | | | | |
| ㅑ | 야 | ① ② ③ | Ya | ㅑ | | | | | |
| ㅓ | 어 | ① ② | Eo | ㅓ | | | | | |
| ㅕ | 여 | ① ② ③ | Yeo | ㅕ | | | | | |
| ㅗ | 오 | ① ② | O | ㅗ | | | | | |
| ㅛ | 요 | ① ② ③ | Yo | ㅛ | | | | | |
| ㅜ | 우 | ① ② | U | ㅜ | | | | | |
| ㅠ | 유 | ① ② ③ | Yu | ㅠ | | | | | |
| ㅡ | 으 | ① | Eu | ㅡ | | | | | |
| ㅣ | 이 | ① | I | ㅣ | | | | | |

## 유네스코 세계기록유산

## Património Mundial da Memória UNESCO

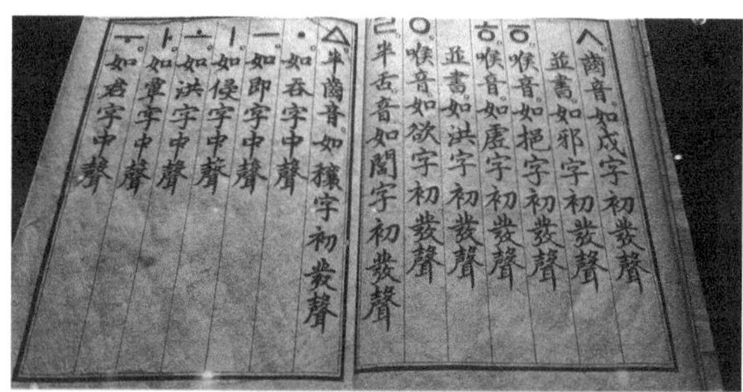

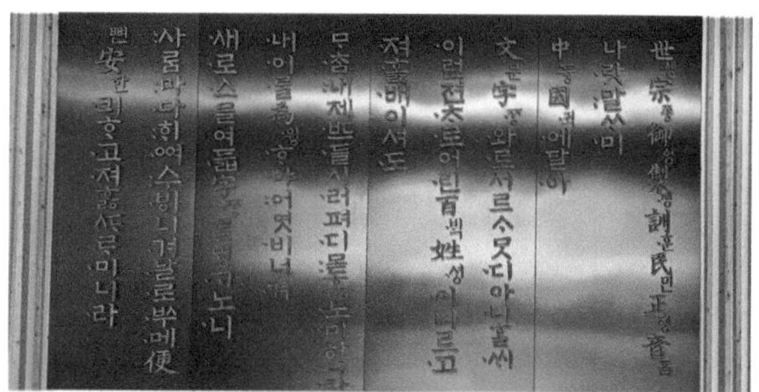

- 훈민정음(訓民正音) : 새로 창제된 훈민정음을 1446년(세종 28) 정인지 등 집현전 학사들이 저술한 한문해설서이다. 해례가 붙어 있어서〈훈민정음 해례본 訓民正音 解例本〉이라고도 하며 예의(例義), 해례(解例), 정인지 서문으로 구성되어 있다. 특히 서문에는 **훈민정음을 만든 이유**, 편찬자, 편년월일, 우수성을 기록하고 있다. 1997년 유네스코 세계기록유산으로 등록되었다.

### ■ 훈민정음(訓民正音)을 만든 이유

**- 훈민정음은 백성을 가르치는 바른 소리 -**

훈민정음 서문에 나오는 '나랏말씀이 중국과 달라 한자와 서로 통하지 않는다.' 는 말은 풍속과 기질이 달라 성음(聲音)이 서로 같지 않게 된다는 것이다.

"이런 이유로 어리석은 백성이 말하고 싶은 것이 있어도 마침내 제 뜻을 표현하지 못하는 사람이 많다. 이를 불쌍히 여겨 새로 28자를 만들었으니 사람마다 쉽게 익혀 씀에 편하게 할 뿐이다."

지혜로운 사람은 아침나절이 되기 전에 이해하고 어리석은 사람도 열흘이면 배울 수 있는 훈민정음은 바람소리, 학의 울음이나 닭 울음소리, 개 짖는 소리까지 모두 표현해 쓸 수 있어 지구상의 모든 문자 가운데 가장 창의적이고 과학적이라는 찬사를 받는 문자이다.

-세종 28년-

### ■ 세종대왕 약력

- 조선 제4대 왕
- **이름**: 이도
- **출생지**: 서울(한양)
- **생년월일**: 1397년 5월 15일~1450년 2월 17일
- **재위 기간**: 1418년 8월~1450년 2월(31년 6개월)

### ■ Porque foi inventado o Hunminjeongeum (訓民正音)

**-Hunminjeongeum foi inventado para ensinar o som correto para os povos-**

A frase "a língua nacional é diferente da China, os caracteres chineses não se comunicam entre si", que aparece no prefácio de Hunminjeongeum, significa que os sons vocais não são os mesmos porque os costumes e o temperamento são diferentes. "Por esta razão, muitas pessoas tolas eram incapazes de expressar os seus pensamentos, mesmo que tenham algo que querem dizer. "Fiquei com pena e criei 28 novas sílabas para que todos possam aprender facilmente e usar de forma confortável." O Hunminjeongeum, pode ser compreendido por uma pessoa sábia até antes do amanhecer e até mesmo uma pessoa tola pode aprender em 10 dias, sendo que pode expressar tudo, desde o som do vento, choro da cegonha, o canto das galinhas e o latido dos cães, e recebeu muitos elogios por ser criativo e científico dentre todos os caracteres existentes no mundo.

- Sejong, ano 28 -

### ■ Biografia do Rei Sejong

- O 4º rei da dinastia Joseon
- Nome: Ido
- Local de nascimento: Seul (Hanyang)
- Data de nascimento: Nascido em 15 de maio de 1397 ~ Falecido em 17 de fevereiro de 1450
- Período de reinado: Agosto de 1418 - Fevereiro de 1450 (31 anos e 6 meses)

제3장

# 겹자음과 겹모음

Capítulo 3
Consoantes duplas e Vogais compostas

# 겹자음 [Consoantes duplas]

월 일

## 겹자음 읽기 [Leitura de consoantes duplas]

| ㄲ | ㄸ | ㅃ | ㅆ | ㅉ |
|---|---|---|---|---|
| 쌍기역 (Ssanggiyeok) | 쌍디귿 (Ssangdigeut) | 쌍비읍 (Ssangbieup) | 쌍시옷 (Ssangsiot) | 쌍지읒 (Ssangjieut) |

## 겹자음 쓰기 [Escrita de consoantes duplas]

| ㄲ | ㄸ | ㅃ | ㅆ | ㅉ |
|---|---|---|---|---|
| 쌍기역 (Ssanggiyeok) | 쌍디귿 (Ssangdigeut) | 쌍비읍 (Ssangbieup) | 쌍시옷 (Ssangsiot) | 쌍지읒 (Ssangjieut) |

## 겹자음 익히기 [Aprendendo consoantes duplas]

다음 겹자음을 쓰는 순서에 맞게 따라 쓰세요.
(Escreva as seguintes Consoantes duplas na ordem correta.)

| 겹자음 Consoantes duplas | 이름 Nome | 쓰는 순서 Ordem de escrita | 영어 표기 Notação em inglês | 쓰기 Escrita | | | | | |
|---|---|---|---|---|---|---|---|---|---|
| ㄲ | 쌍기역 | ㄲ | Ssanggiyeok | ㄲ | | | | | |
| ㄸ | 쌍디귿 | ㄸ | Ssangdigeut | ㄸ | | | | | |
| ㅃ | 쌍비읍 | ㅃ | Ssangbieup | ㅃ | | | | | |
| ㅆ | 쌍시옷 | ㅆ | Ssangsiot | ㅆ | | | | | |
| ㅉ | 쌍지읒 | ㅉ | Ssangjieut | ㅉ | | | | | |

# 겹모음 [Vogais compostas]

월 일

## 겹모음 읽기 [Leitura de vogais compostas]

| ㅐ | ㅔ | ㅒ | ㅖ | ㅘ |
|---|---|---|---|---|
| 애(Ae) | 에(E) | 얘(Yae) | 예(Ye) | 와(Wa) |
| ㅙ | ㅚ | ㅝ | ㅞ | ㅟ |
| 왜(Wae) | 외(Oe) | 워(Wo) | 웨(We) | 위(Wi) |
| ㅢ | | | | |
| 의(Ui) | | | | |

## 겹모음 쓰기 [Escrita de vogais compostas]

| ㅐ | ㅔ | ㅒ | ㅖ | ㅘ |
|---|---|---|---|---|
| 애(Ae) | 에(E) | 얘(Yae) | 예(Ye) | 와(Wa) |
| ㅙ | ㅚ | ㅝ | ㅞ | ㅟ |
| 왜(Wae) | 외(Oe) | 워(Wo) | 웨(We) | 위(Wi) |
| ㅢ | | | | |
| 의(Ui) | | | | |

# 겹모음 [Vogais compostas]

월 일

## 겹모음 익히기 [Aprendendo vogais compostas]

다음 겹모음을 쓰는 순서에 맞게 따라 쓰세요.
(Escreva as seguintes vogais compostas na ordem correta.)

| 겹모음 Vogal composta | 이름 Nome | 쓰는 순서 Ordem de escrita | 영어 표기 Notação em inglês | 쓰기 Escrita | | | | | |
|---|---|---|---|---|---|---|---|---|---|
| ㅐ | 애 | ㅐ | Ae | ㅐ | | | | | |
| ㅔ | 에 | ㅔ | E | ㅔ | | | | | |
| ㅒ | 얘 | ㅒ | Yae | ㅒ | | | | | |
| ㅖ | 예 | ㅖ | Ye | ㅖ | | | | | |
| ㅘ | 와 | ㅘ | Wa | ㅘ | | | | | |
| ㅙ | 왜 | ㅙ | Wae | ㅙ | | | | | |
| ㅚ | 외 | ㅚ | Oe | ㅚ | | | | | |
| ㅝ | 워 | ㅝ | Wo | ㅝ | | | | | |
| ㅞ | 웨 | ㅞ | We | ㅞ | | | | | |
| ㅟ | 위 | ㅟ | Wi | ㅟ | | | | | |
| ㅢ | 의 | ㅢ | Ui | ㅢ | | | | | |

제4장

# 음절표

Capítulo 4
Tabela de Sílabas

# 자음+모음(ㅏ) [Consoante + vogal (ㅏ)]

월 일

## 자음+모음(ㅏ) 읽기 [Ler consoante + vogal (ㅏ)]

| 가 | 나 | 다 | 라 | 마 |
|---|---|---|---|---|
| Ga | Na | Da | Ra | Ma |
| 바 | 사 | 아 | 자 | 차 |
| Ba | Sa | A | Ja | Cha |
| 카 | 타 | 파 | 하 | |
| Ka | Ta | Pa | Ha | |

## 자음+모음(ㅏ) 쓰기 [Escrever consoante + vogal (ㅏ)]

| 가 | 나 | 다 | 라 | 마 |
|---|---|---|---|---|
| Ga | Na | Da | Ra | Ma |
| 바 | 사 | 아 | 자 | 차 |
| Ba | Sa | A | Ja | Cha |
| 카 | 타 | 파 | 하 | |
| Ka | Ta | Pa | Ha | |

# 자음+모음(ㅏ) [Consoante + vogal (ㅏ)]

월 일

## 자음+모음(ㅏ) 익히기 [Aprender consoante + vogal (ㅏ)]

다음 자음+모음(ㅏ)을 쓰는 순서에 맞게 따라 쓰세요.
(Escreva as seguintes consoantes + vogais (ㅏ) na ordem correta.)

| 자음+모음(ㅏ) | 이름 | 쓰는 순서 | 영어 표기 | 쓰기 | | | | | |
|---|---|---|---|---|---|---|---|---|---|
| ㄱ+ㅏ | 가 | 가 | Ga | 가 | | | | | |
| ㄴ+ㅏ | 나 | 나 | Na | 나 | | | | | |
| ㄷ+ㅏ | 다 | 다 | Da | 다 | | | | | |
| ㄹ+ㅏ | 라 | 라 | Ra | 라 | | | | | |
| ㅁ+ㅏ | 마 | 마 | Ma | 마 | | | | | |
| ㅂ+ㅏ | 바 | 바 | Ba | 바 | | | | | |
| ㅅ+ㅏ | 사 | 사 | Sa | 사 | | | | | |
| ㅇ+ㅏ | 아 | 아 | A | 아 | | | | | |
| ㅈ+ㅏ | 자 | 자 | Ja | 자 | | | | | |
| ㅊ+ㅏ | 차 | 차 | Cha | 차 | | | | | |
| ㅋ+ㅏ | 카 | 카 | Ka | 카 | | | | | |
| ㅌ+ㅏ | 타 | 타 | Ta | 타 | | | | | |
| ㅍ+ㅏ | 파 | 파 | Pa | 파 | | | | | |
| ㅎ+ㅏ | 하 | 하 | Ha | 하 | | | | | |

# 02 자음+모음(ㅓ) [Consoante + vogal (ㅓ)]

월 일

## 자음+모음(ㅓ) 읽기 [Ler consoante + vogal (ㅓ)]

| 거 | 너 | 더 | 러 | 머 |
|---|---|---|---|---|
| Geo | Neo | Deo | Reo | Meo |
| 버 | 서 | 어 | 저 | 처 |
| Beo | Seo | Eo | Jeo | Cheo |
| 커 | 터 | 퍼 | 허 | |
| Keo | Teo | Peo | Heo | |

## 자음+모음(ㅓ) 쓰기 [Escrever consoante + vogal (ㅓ)]

| 거 | 너 | 더 | 러 | 머 |
|---|---|---|---|---|
| Geo | Neo | Deo | Reo | Meo |
| 버 | 서 | 어 | 저 | 처 |
| Beo | Seo | Eo | Jeo | Cheo |
| 커 | 터 | 퍼 | 허 | |
| Keo | Teo | Peo | Heo | |

# 자음+모음(ㅓ) [Consoante + vogal (ㅓ)]

월 일

## 자음+모음(ㅓ) 익히기 [Aprender consoante + vogal (ㅓ)]

다음 자음+모음(ㅓ)을 쓰는 순서에 맞게 따라 쓰세요.
(Escreva as seguintes consoantes + vogais (ㅓ) na ordem correta.)

| 자음+모음(ㅓ) | 이름 | 쓰는 순서 | 영어 표기 | 쓰기 | | | | | |
|---|---|---|---|---|---|---|---|---|---|
| ㄱ+ㅓ | 거 | 거 | Geo | 거 | | | | | |
| ㄴ+ㅓ | 너 | 너 | Neo | 너 | | | | | |
| ㄷ+ㅓ | 더 | 더 | Deo | 더 | | | | | |
| ㄹ+ㅓ | 러 | 러 | Reo | 러 | | | | | |
| ㅁ+ㅓ | 머 | 머 | Meo | 머 | | | | | |
| ㅂ+ㅓ | 버 | 버 | Beo | 버 | | | | | |
| ㅅ+ㅓ | 서 | 서 | Seo | 서 | | | | | |
| ㅇ+ㅓ | 어 | 어 | Eo | 어 | | | | | |
| ㅈ+ㅓ | 저 | 저 | Jeo | 저 | | | | | |
| ㅊ+ㅓ | 처 | 처 | Cheo | 처 | | | | | |
| ㅋ+ㅓ | 커 | 커 | Keo | 커 | | | | | |
| ㅌ+ㅓ | 터 | 터 | Teo | 터 | | | | | |
| ㅍ+ㅓ | 퍼 | 퍼 | Peo | 퍼 | | | | | |
| ㅎ+ㅓ | 허 | 허 | Heo | 허 | | | | | |

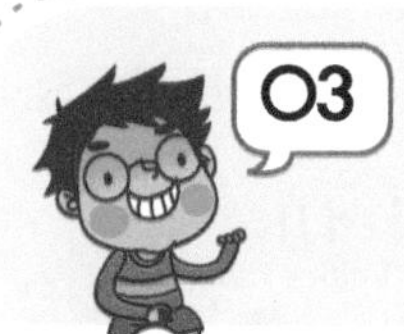


# 자음+모음(ㅗ) [Consoante + vogal (ㅗ)]

월 일

## 자음+모음(ㅗ) 읽기 [Ler consoante + vogal (ㅗ)]

| 고 | 노 | 도 | 로 | 모 |
|---|---|---|---|---|
| Go | No | Do | Ro | Mo |
| 보 | 소 | 오 | 조 | 초 |
| Bo | So | O | Jo | Cho |
| 코 | 토 | 포 | 호 | |
| Ko | To | Po | Ho | |

## 자음+모음(ㅗ) 쓰기 [Escrever consoante + vogal (ㅗ)]

| 고 | 노 | 도 | 로 | 모 |
|---|---|---|---|---|
| Go | No | Do | Ro | Mo |
| 보 | 소 | 오 | 조 | 초 |
| Bo | So | O | Jo | Cho |
| 코 | 토 | 포 | 호 | |
| Ko | To | Po | Ho | |

# 자음+모음(ㅗ) [Consoante + vogal (ㅗ)]

월 일

## 자음+모음(ㅗ) 익히기 [Aprender consoante + vogal (ㅗ)]

다음 자음+모음(ㅗ)을 쓰는 순서에 맞게 따라 쓰세요.
(Escreva as seguintes consoantes + vogais (ㅗ) na ordem correta.)

| 자음+모음(ㅗ) | 이름 | 쓰는 순서 | 영어 표기 | 쓰기 | | | | | |
|---|---|---|---|---|---|---|---|---|---|
| ㄱ+ㅗ | 고 | 고 | Go | 고 | | | | | |
| ㄴ+ㅗ | 노 | 노 | No | 노 | | | | | |
| ㄷ+ㅗ | 도 | 도 | Do | 도 | | | | | |
| ㄹ+ㅗ | 로 | 로 | Ro | 로 | | | | | |
| ㅁ+ㅗ | 모 | 모 | Mo | 모 | | | | | |
| ㅂ+ㅗ | 보 | 보 | Bo | 보 | | | | | |
| ㅅ+ㅗ | 소 | 소 | So | 소 | | | | | |
| ㅇ+ㅗ | 오 | 오 | O | 오 | | | | | |
| ㅈ+ㅗ | 조 | 조 | Jo | 조 | | | | | |
| ㅊ+ㅗ | 초 | 초 | Cho | 초 | | | | | |
| ㅋ+ㅗ | 코 | 코 | Ko | 코 | | | | | |
| ㅌ+ㅗ | 토 | 토 | To | 토 | | | | | |
| ㅍ+ㅗ | 포 | 포 | Po | 포 | | | | | |
| ㅎ+ㅗ | 호 | 호 | Ho | 호 | | | | | |

# 자음+모음(ㅜ) [Consoante + vogal (ㅜ)]

월 일

## 자음+모음(ㅜ) 읽기 [Ler consoante + vogal (ㅜ)]

| 구 | 누 | 두 | 루 | 무 |
|---|---|---|---|---|
| Gu | Nu | Du | Ru | Mu |
| 부 | 수 | 우 | 주 | 추 |
| Bu | Su | U | Ju | Chu |
| 쿠 | 투 | 푸 | 후 | |
| Ku | Tu | Pu | Hu | |

## 자음+모음(ㅜ) 쓰기 [Escrever consoante + vogal (ㅜ)]

| 구 | 누 | 두 | 루 | 무 |
|---|---|---|---|---|
| Gu | Nu | Du | Ru | Mu |
| 부 | 수 | 우 | 주 | 추 |
| Bu | Su | U | Ju | Chu |
| 쿠 | 투 | 푸 | 후 | |
| Ku | Tu | Pu | Hu | |

# 자음+모음(ㅜ) [Consoante + vogal (ㅜ)]

월 일

## 자음+모음(ㅜ) 익히기 [Aprender consoante + vogal (ㅜ)]

다음 자음+모음(ㅜ)을 쓰는 순서에 맞게 따라 쓰세요.
(Escreva as seguintes consoantes + vogais (ㅜ) na ordem correta.)

| 자음+모음(ㅜ) | 이름 | 쓰는 순서 | 영어 표기 | 쓰기 | | | | | |
|---|---|---|---|---|---|---|---|---|---|
| ㄱ+ㅜ | 구 | 구 | Gu | 구 | | | | | |
| ㄴ+ㅜ | 누 | 누 | Nu | 누 | | | | | |
| ㄷ+ㅜ | 두 | 두 | Du | 두 | | | | | |
| ㄹ+ㅜ | 루 | 루 | Ru | 루 | | | | | |
| ㅁ+ㅜ | 무 | 무 | Mu | 무 | | | | | |
| ㅂ+ㅜ | 부 | 부 | Bu | 부 | | | | | |
| ㅅ+ㅜ | 수 | 수 | Su | 수 | | | | | |
| ㅇ+ㅜ | 우 | 우 | U | 우 | | | | | |
| ㅈ+ㅜ | 주 | 주 | Ju | 주 | | | | | |
| ㅊ+ㅜ | 추 | 추 | Chu | 추 | | | | | |
| ㅋ+ㅜ | 쿠 | 쿠 | Ku | 쿠 | | | | | |
| ㅌ+ㅜ | 투 | 투 | Tu | 투 | | | | | |
| ㅍ+ㅜ | 푸 | 푸 | Pu | 푸 | | | | | |
| ㅎ+ㅜ | 후 | 후 | Hu | 후 | | | | | |

# 자음+모음(ㅡ) [Consoante + vogal (ㅡ)]

월 일

## 자음+모음(ㅡ) 읽기 [Ler consoante + vogal (ㅡ)]

| 그 | 느 | 드 | 르 | 므 |
|---|---|---|---|---|
| Geu | Neu | Deu | Reu | Meu |
| 브 | 스 | 으 | 즈 | 츠 |
| Beu | Seu | Eu | Jeu | Cheu |
| 크 | 트 | 프 | 흐 | |
| Keu | Teu | Peu | Heu | |

## 자음+모음(ㅡ) 쓰기 [Escrever consoante + vogal (ㅡ)]

| 그 | 느 | 드 | 르 | 므 |
|---|---|---|---|---|
| Geu | Neu | Deu | Reu | Meu |
| 브 | 스 | 으 | 즈 | 츠 |
| Beu | Seu | Eu | Jeu | Cheu |
| 크 | 트 | 프 | 흐 | |
| Keu | Teu | Peu | Heu | |

# 자음+모음(ㅡ) [Consoante + vogal (ㅡ)]

월 일

## 자음+모음(ㅡ) 익히기 [Aprender consoante + vogal (ㅡ)]

다음 자음+모음(ㅡ)을 쓰는 순서에 맞게 따라 쓰세요.
(Escreva as seguintes consoantes + vogais (ㅡ) na ordem correta.)

| 자음+모음(ㅡ) | 이름 | 쓰는 순서 | 영어 표기 | 쓰기 | | | | | |
|---|---|---|---|---|---|---|---|---|---|
| ㄱ+ㅡ | 그 | 그 | Geu | 그 | | | | | |
| ㄴ+ㅡ | 느 | 느 | Neu | 느 | | | | | |
| ㄷ+ㅡ | 드 | 드 | Deu | 드 | | | | | |
| ㄹ+ㅡ | 르 | 르 | Reu | 르 | | | | | |
| ㅁ+ㅡ | 므 | 므 | Meu | 므 | | | | | |
| ㅂ+ㅡ | 브 | 브 | Beu | 브 | | | | | |
| ㅅ+ㅡ | 스 | 스 | Seu | 스 | | | | | |
| ㅇ+ㅡ | 으 | 으 | Eu | 으 | | | | | |
| ㅈ+ㅡ | 즈 | 즈 | Jeu | 즈 | | | | | |
| ㅊ+ㅡ | 츠 | 츠 | Cheu | 츠 | | | | | |
| ㅋ+ㅡ | 크 | 크 | Keu | 크 | | | | | |
| ㅌ+ㅡ | 트 | 트 | Teu | 트 | | | | | |
| ㅍ+ㅡ | 프 | 프 | Peu | 프 | | | | | |
| ㅎ+ㅡ | 흐 | 흐 | Heu | 흐 | | | | | |

# 자음+모음(ㅑ) [Consoante + vogal (ㅑ)]

월 일

## 자음+모음(ㅑ) 읽기 [Ler consoante + vogal (ㅑ)]

| 갸 | 냐 | 댜 | 랴 | 먀 |
|---|---|---|---|---|
| Gya | Nya | Dya | Rya | Mya |
| 뱌 | 샤 | 야 | 쟈 | 챠 |
| Bya | Sya | Ya | Jya | Chya |
| 캬 | 탸 | 퍄 | 햐 | |
| Kya | Tya | Pya | Hya | |

## 자음+모음(ㅑ) 쓰기 [Escrever consoante + vogal (ㅑ)]

| 갸 | 냐 | 댜 | 랴 | 먀 |
|---|---|---|---|---|
| Gya | Nya | Dya | Rya | Mya |
| 뱌 | 샤 | 야 | 쟈 | 챠 |
| Bya | Sya | Ya | Jya | Chya |
| 캬 | 탸 | 퍄 | 햐 | |
| Kya | Tya | Pya | Hya | |

# 자음+모음(ㅑ) [Consoante + vogal (ㅑ)]

월 일

## 자음+모음(ㅑ) 익히기 [Aprender consoante + vogal (ㅑ)]

다음 자음+모음(ㅑ)을 쓰는 순서에 맞게 따라 쓰세요.
(Escreva as seguintes consoantes + vogais (ㅑ) na ordem correta.)

| 자음+모음(ㅑ) | 이름 | 쓰는 순서 | 영어 표기 | 쓰기 | | | | | |
|---|---|---|---|---|---|---|---|---|---|
| ㄱ+ㅑ | 갸 | 갸 | Gya | 갸 | | | | | |
| ㄴ+ㅑ | 냐 | 냐 | Nya | 냐 | | | | | |
| ㄷ+ㅑ | 댜 | 댜 | Dya | 댜 | | | | | |
| ㄹ+ㅑ | 랴 | 랴 | Rya | 랴 | | | | | |
| ㅁ+ㅑ | 먀 | 먀 | Mya | 먀 | | | | | |
| ㅂ+ㅑ | 뱌 | 뱌 | Bya | 뱌 | | | | | |
| ㅅ+ㅑ | 샤 | 샤 | Sya | 샤 | | | | | |
| ㅇ+ㅑ | 야 | 야 | Ya | 야 | | | | | |
| ㅈ+ㅑ | 쟈 | 쟈 | Jya | 쟈 | | | | | |
| ㅊ+ㅑ | 챠 | 챠 | Chya | 챠 | | | | | |
| ㅋ+ㅑ | 캬 | 캬 | Kya | 캬 | | | | | |
| ㅌ+ㅑ | 탸 | 탸 | Tya | 탸 | | | | | |
| ㅍ+ㅑ | 퍄 | 퍄 | Pya | 퍄 | | | | | |
| ㅎ+ㅑ | 햐 | 햐 | Hya | 햐 | | | | | |

# 자음+모음(ㅕ) [Consoante + vogal (ㅕ)]

월 일

## 자음+모음(ㅕ) 읽기 [Ler consoante + vogal (ㅕ)]

| 겨 | 녀 | 뎌 | 려 | 며 |
|---|---|---|---|---|
| Gyeo | Nyeo | Dyeo | Ryeo | Myeo |
| 벼 | 셔 | 여 | 져 | 쳐 |
| Byeo | Syeo | Yeo | Jyeo | Chyeo |
| 켜 | 텨 | 펴 | 혀 | |
| Kya | Tyeo | Pyeo | Hyeo | |

## 자음+모음(ㅕ) 쓰기 [Escrever consoante + vogal (ㅕ)]

| 겨 | 녀 | 뎌 | 려 | 며 |
|---|---|---|---|---|
| Gyeo | Nyeo | Dyeo | Rya | Myeo |
| 벼 | 셔 | 여 | 져 | 쳐 |
| Byeo | Syeo | Yeo | Jyeo | Chyeo |
| 켜 | 텨 | 펴 | 혀 | |
| Kyeo | Tyeo | Pyeo | Hyeo | |

# 자음+모음(ㅕ) [Consoante + vogal (ㅕ)]

월 일

## 자음+모음(ㅕ) 익히기 [Aprender consoante + vogal (ㅕ)]

다음 자음+모음(ㅕ)을 쓰는 순서에 맞게 따라 쓰세요.
(Escreva as seguintes consoantes + vogais (ㅕ) na ordem correta.)

| 자음+모음(ㅕ) | 이름 | 쓰는 순서 | 영어 표기 | 쓰기 | | | | | |
|---|---|---|---|---|---|---|---|---|---|
| ㄱ+ㅕ | 겨 | 겨 | Gyeo | 겨 | | | | | |
| ㄴ+ㅕ | 녀 | 녀 | Nyeo | 녀 | | | | | |
| ㄷ+ㅕ | 뎌 | 뎌 | Dyeo | 뎌 | | | | | |
| ㄹ+ㅕ | 려 | 려 | Ryeo | 려 | | | | | |
| ㅁ+ㅕ | 며 | 며 | Myeo | 며 | | | | | |
| ㅂ+ㅕ | 벼 | 벼 | Byeo | 벼 | | | | | |
| ㅅ+ㅕ | 셔 | 셔 | Syeo | 셔 | | | | | |
| ㅇ+ㅕ | 여 | 여 | Yeo | 여 | | | | | |
| ㅈ+ㅕ | 져 | 져 | Jyeo | 져 | | | | | |
| ㅊ+ㅕ | 쳐 | 쳐 | Chyeo | 쳐 | | | | | |
| ㅋ+ㅕ | 켜 | 켜 | Kyeo | 켜 | | | | | |
| ㅌ+ㅕ | 텨 | 텨 | Tyeo | 텨 | | | | | |
| ㅍ+ㅕ | 펴 | 펴 | Pyeo | 펴 | | | | | |
| ㅎ+ㅕ | 펴 | 혀 | Hyeo | 혀 | | | | | |

# 자음+모음(ㅛ) [Consoante + vogal (ㅛ)]

월 일

## 자음+모음(ㅛ) 읽기 [Ler consoante + vogal (ㅛ)]

| 교 | 뇨 | 됴 | 료 | 묘 |
|---|---|---|---|---|
| Gyo | Nyo | Dyo | Ryo | Myo |
| 뵤 | 쇼 | 요 | 죠 | 쵸 |
| Byo | Syo | Yo | Jyo | Chyo |
| 쿄 | 툐 | 표 | 효 | |
| Kyo | Tyo | Pyo | Hyo | |

## 자음+모음(ㅛ) 쓰기 [Escrever consoante + vogal (ㅛ)]

| 교 | 뇨 | 됴 | 료 | 묘 |
|---|---|---|---|---|
| Gyo | Nyo | Dyo | Ryo | Myo |
| 뵤 | 쇼 | 요 | 죠 | 쵸 |
| Byo | Syo | Yo | Jyo | Chyo |
| 쿄 | 툐 | 표 | 효 | |
| Kyo | Tyo | Pyo | Hyo | |

# 08 자음+모음(ㅛ) [Consoante + vogal (ㅛ)]

월 일

## 자음+모음(ㅛ) 익히기 [Aprender consoante + vogal (ㅛ)]

다음 자음+모음(ㅛ)을 쓰는 순서에 맞게 따라 쓰세요.
(Escreva as seguintes consoantes + vogais (ㅛ) na ordem correta.)

| 자음+모음(ㅛ) | 이름 | 쓰는 순서 | 영어 표기 | 쓰기 | | | | | |
|---|---|---|---|---|---|---|---|---|---|
| ㄱ+ㅛ | 교 | 교 | Gyo | 교 | | | | | |
| ㄴ+ㅛ | 뇨 | 뇨 | Nyo | 뇨 | | | | | |
| ㄷ+ㅛ | 됴 | 됴 | Dyo | 됴 | | | | | |
| ㄹ+ㅛ | 료 | 료 | Ryo | 료 | | | | | |
| ㅁ+ㅛ | 묘 | 묘 | Myo | 묘 | | | | | |
| ㅂ+ㅛ | 뵤 | 뵤 | Byo | 뵤 | | | | | |
| ㅅ+ㅛ | 쇼 | 쇼 | Syo | 쇼 | | | | | |
| ㅇ+ㅛ | 요 | 요 | Yo | 요 | | | | | |
| ㅈ+ㅛ | 죠 | 죠 | Jyo | 죠 | | | | | |
| ㅊ+ㅛ | 쵸 | 쵸 | Chyo | 쵸 | | | | | |
| ㅋ+ㅛ | 쿄 | 쿄 | Kyo | 쿄 | | | | | |
| ㅌ+ㅛ | 툐 | 툐 | Tyo | 툐 | | | | | |
| ㅍ+ㅛ | 표 | 표 | Pyo | 표 | | | | | |
| ㅎ+ㅛ | 효 | 효 | Hyo | 효 | | | | | |

# 09 자음+모음(ㅠ) [Consoante + vogal (ㅠ)]

## 자음+모음(ㅠ) 읽기 [Ler consoante + vogal (ㅠ)]

| 규 | 뉴 | 듀 | 류 | 뮤 |
|---|---|---|---|---|
| Gyu | Nyu | Dyu | Ryu | Myu |
| 뷰 | 슈 | 유 | 쥬 | 츄 |
| Byu | Syu | Yu | Jyu | Chyu |
| 큐 | 튜 | 퓨 | 휴 | |
| Kyu | Tyu | Pyu | Hyu | |

## 자음+모음(ㅠ) 쓰기 [Escrever consoante + vogal (ㅠ)]

| 규 | 뉴 | 듀 | 류 | 뮤 |
|---|---|---|---|---|
| Gyu | Nyu | Dyu | Ryu | Myu |
| 뷰 | 슈 | 유 | 쥬 | 츄 |
| Byu | Syu | Yu | Jyu | Chyu |
| 큐 | 튜 | 퓨 | 휴 | |
| Kyu | Tyu | Pyu | Hyu | |

# 자음+모음(ㅠ) [Consoante + vogal (ㅠ)]

월 일

## 자음+모음(ㅠ) 익히기 [Aprender consoante + vogal (ㅠ)]

다음 자음+모음(ㅠ)을 쓰는 순서에 맞게 따라 쓰세요.
(Escreva as seguintes consoantes + vogais (ㅠ) na ordem correta.)

| 자음+모음(ㅠ) | 이름 | 쓰는 순서 | 영어 표기 | 쓰기 | | | | | |
|---|---|---|---|---|---|---|---|---|---|
| ㄱ+ㅠ | 규 | 규 | Gyu | 규 | | | | | |
| ㄴ+ㅠ | 뉴 | 뉴 | Nyu | 뉴 | | | | | |
| ㄷ+ㅠ | 듀 | 듀 | Dyu | 듀 | | | | | |
| ㄹ+ㅠ | 류 | 류 | Ryu | 류 | | | | | |
| ㅁ+ㅠ | 뮤 | 뮤 | Myu | 뮤 | | | | | |
| ㅂ+ㅠ | 뷰 | 뷰 | Byu | 뷰 | | | | | |
| ㅅ+ㅠ | 슈 | 슈 | Syu | 슈 | | | | | |
| ㅇ+ㅠ | 유 | 유 | Yu | 유 | | | | | |
| ㅈ+ㅠ | 쥬 | 쥬 | Jyu | 쥬 | | | | | |
| ㅊ+ㅠ | 츄 | 츄 | Chyu | 츄 | | | | | |
| ㅋ+ㅠ | 큐 | 큐 | Kyu | 큐 | | | | | |
| ㅌ+ㅠ | 튜 | 튜 | Tyu | 튜 | | | | | |
| ㅍ+ㅠ | 퓨 | 퓨 | Pyu | 퓨 | | | | | |
| ㅎ+ㅠ | 휴 | 휴 | Hyu | 휴 | | | | | |

# 자음+모음( ㅣ ) [Consoante + vogal ( ㅣ )]

월 일

## 자음+모음( ㅣ ) 읽기 [Ler consoante + vogal ( ㅣ )]

| 기 | 니 | 디 | 리 | 미 |
|---|---|---|---|---|
| Gi | Ni | Di | Ri | Mi |
| 비 | 시 | 이 | 지 | 치 |
| Bi | Si | I | Ji | Chi |
| 키 | 티 | 피 | 히 | |
| Ki | Ti | Pi | Hi | |

## 자음+모음( ㅣ ) 쓰기 [Escrever consoante + vogal ( ㅣ )]

| 기 | 니 | 디 | 리 | 미 |
|---|---|---|---|---|
| Gi | Ni | Di | Ri | Mi |
| 비 | 시 | 이 | 지 | 치 |
| Bi | Si | I | Ji | Chi |
| 키 | 티 | 피 | 히 | |
| Ki | Ti | Pi | Hi | |

# 자음+모음( ㅣ ) [Consoante + vogal ( ㅣ )]

월 일

## 자음+모음( ㅣ ) 익히기 [Aprender consoante + vogal ( ㅣ )]

다음 자음+모음( ㅣ )을 쓰는 순서에 맞게 따라 쓰세요.
(Escreva as seguintes consoantes + vogais ( ㅣ ) na ordem correta.)

| 자음+모음( ㅣ ) | 이름 | 쓰는 순서 | 영어 표기 | 쓰기 | | | | | |
|---|---|---|---|---|---|---|---|---|---|
| ㄱ+ㅣ | 기 | 기 | Gi | 기 | | | | | |
| ㄴ+ㅣ | 니 | 니 | Ni | 니 | | | | | |
| ㄷ+ㅣ | 디 | 디 | Di | 디 | | | | | |
| ㄹ+ㅣ | 리 | 리 | Ri | 리 | | | | | |
| ㅁ+ㅣ | 미 | 미 | Mi | 미 | | | | | |
| ㅂ+ㅣ | 비 | 비 | Bi | 비 | | | | | |
| ㅅ+ㅣ | 시 | 시 | Si | 시 | | | | | |
| ㅇ+ㅣ | 이 | 이 | I | 이 | | | | | |
| ㅈ+ㅣ | 지 | 지 | Ji | 지 | | | | | |
| ㅊ+ㅣ | 치 | 치 | Chi | 치 | | | | | |
| ㅋ+ㅣ | 키 | 키 | Ki | 키 | | | | | |
| ㅌ+ㅣ | 티 | 티 | Ti | 티 | | | | | |
| ㅍ+ㅣ | 피 | 피 | Pi | 피 | | | | | |
| ㅎ+ㅣ | 히 | 히 | Hi | 히 | | | | | |

# 한글 자음과 모음 받침표

[Tabela de consoantes finais (Batchim) de consoantes e vogais do Hangul]

월 일

※ 참고 : 받침 'ㄱ~ㅎ'(49p~62P)에서 학습할 내용

| mp3 | 받침 | 가 | 나 | 다 | 라 | 마 | 바 | 사 | 아 | 자 | 차 | 카 | 타 | 파 | 하 |
|---|---|---|---|---|---|---|---|---|---|---|---|---|---|---|---|
| | ㄱ | 각 | 낙 | 닥 | 락 | 막 | 박 | 삭 | 악 | 작 | 착 | 칵 | 탁 | 팍 | 학 |
| | ㄴ | 간 | 난 | 단 | 란 | 만 | 반 | 산 | 안 | 잔 | 찬 | 칸 | 탄 | 판 | 한 |
| | ㄷ | 갇 | 낟 | 닫 | 랃 | 맏 | 받 | 삳 | 앋 | 잗 | 찯 | 칻 | 탇 | 팓 | 핟 |
| | ㄹ | 갈 | 날 | 달 | 랄 | 말 | 발 | 살 | 알 | 잘 | 찰 | 칼 | 탈 | 팔 | 할 |
| | ㅁ | 감 | 남 | 담 | 람 | 맘 | 밤 | 삼 | 암 | 잠 | 참 | 캄 | 탐 | 팜 | 함 |
| | ㅂ | 갑 | 납 | 답 | 랍 | 맙 | 밥 | 삽 | 압 | 잡 | 찹 | 캅 | 탑 | 팝 | 합 |
| | ㅅ | 갓 | 낫 | 닷 | 랏 | 맛 | 밧 | 삿 | 앗 | 잣 | 찻 | 캇 | 탓 | 팟 | 핫 |
| | ㅇ | 강 | 낭 | 당 | 랑 | 망 | 방 | 상 | 앙 | 장 | 창 | 캉 | 탕 | 팡 | 항 |
| | ㅈ | 갖 | 낮 | 닺 | 랒 | 맞 | 밪 | 샂 | 앚 | 잦 | 찾 | 캊 | 탖 | 팢 | 핮 |
| | ㅊ | 갗 | 낯 | 닻 | 랓 | 맟 | 밫 | 샃 | 앛 | 잧 | 찿 | 캋 | 탗 | 팣 | 핯 |
| | ㅋ | 갘 | 낰 | 닼 | 랔 | 맠 | 밬 | 샄 | 앜 | 잨 | 챀 | 캌 | 탘 | 팤 | 핰 |
| | ㅌ | 같 | 낱 | 닽 | 랕 | 맡 | 밭 | 샅 | 앝 | 잩 | 챁 | 캍 | 탙 | 팥 | 핱 |
| | ㅍ | 갚 | 낲 | 닾 | 랖 | 맢 | 밮 | 샆 | 앞 | 잪 | 챂 | 캎 | 탚 | 팦 | 핲 |
| | ㅎ | 갛 | 낳 | 닿 | 랗 | 맣 | 밯 | 샇 | 앟 | 잫 | 챃 | 캏 | 탛 | 팧 | 핳 |

제5장

# 자음과 겹모음

## Capítulo 5 Consoantes e Vogais compostas

국어국립원의 '우리말샘'에 등록되지 않은 글자. 또는 쓰임이 적은 글자를 아래와 같이 수록하니, 학습에 참고하시길 바랍니다.

| 페이지 | '우리말샘'에 등록되지 않은 글자. 또는 쓰임이 적은 글자 |
|---|---|
| 42p | 뎨(Dye) 볘(Bye) 졔(Jye) 쳬(Chye) 톄(Tye) |
| 43p | 돠(Dwa) 롸(Rwa) 뫄(Mwa) 톼(Twa) 퐈(Pwa) |
| 44p | 놰(Nwae) 뢔(Rwae) 뫠(Mwae) 쵀(Chwae) 퐤(Pwae) |
| 46p | 풔(Pwo) |
| 48p | 듸(Dui) 릐(Rui) 믜(Mui) 븨(Bui) 싀(Sui) 즤(Jui) 츼(Chui) 킈(Kui) |
| 51p | 랕(Rat) 앝(At) 챁(Chat) 캍(Kat) 탙(Tat) 팥(Pat) |
| 57p | 샃(Sat) 캋(Kat) 탗(Tat) 팣(Pat) 핯(Hat) |
| 58p | 랓(Rat) 맟(Mat) 밫(Bat) 샇(Sat) 앛(At) 잫(Jat) 챃(Chat) 캏(Chat) 탛(Tat) 팧(Pat) 핳(Hat) |
| 59p | 갘(Gak) 낰(Nak) 닼(Dak) 랔(Rak) 맠(Mak) 밬(Bak) 샄(Sak) 잨(Jak) 챀(Chak) 캌(Kak) 팤(Pak) 핰(Hak) |
| 60p | 닽(Dat) 랕(Rat) 잩(Jat) 챁(Chat) 캍(Kat) 탙(Tat) 핱(Hat) |
| 61p | 닾(Dap) 맢(Map) 밮(Bap) 챂(Chap) 캎(Kap) 탚(Tap) 팦(Pap) 핲(Hap) |
| 62p | 밯(Bat) 샇(Sat) 앟(At) 잫(Jat) 챃(Chat) 캏(Kat) 탛(Tat) 팧(Pat) 핳(Hat) |

# 자음+겹모음(ㅐ)

[Consoante + vogal composta (ㅐ)]

월 일

## 자음+겹모음(ㅐ) [Consoante + vogal composta (ㅐ)]

다음 자음+겹모음(ㅐ)을 쓰는 순서에 맞게 따라 쓰세요.
(Escreva as seguintes consoantes + vogais compostas (ㅐ) na ordem correta.)

| 자음+겹모음(ㅐ) | 영어 표기 | 쓰기 | | | | | | |
|---|---|---|---|---|---|---|---|---|
| ㄱ+ㅐ | Gae | 개 | | | | | | |
| ㄴ+ㅐ | Nae | 내 | | | | | | |
| ㄷ+ㅐ | Dae | 대 | | | | | | |
| ㄹ+ㅐ | Rae | 래 | | | | | | |
| ㅁ+ㅐ | Mae | 매 | | | | | | |
| ㅂ+ㅐ | Bae | 배 | | | | | | |
| ㅅ+ㅐ | Sae | 새 | | | | | | |
| ㅇ+ㅐ | Ae | 애 | | | | | | |
| ㅈ+ㅐ | Jae | 재 | | | | | | |
| ㅊ+ㅐ | Chae | 채 | | | | | | |
| ㅋ+ㅐ | Kae | 캐 | | | | | | |
| ㅌ+ㅐ | Tae | 태 | | | | | | |
| ㅍ+ㅐ | Pae | 패 | | | | | | |
| ㅎ+ㅐ | Hae | 해 | | | | | | |

# 02 자음+겹모음(ㅔ)

[Consoante + vogal composta (ㅔ)]

월 일

## 자음+겹모음(ㅔ) [Consoante + vogal composta (ㅔ)]

다음 자음+겹모음(ㅔ)을 쓰는 순서에 맞게 따라 쓰세요.
(Escreva as seguintes consoantes + vogais compostas (ㅔ) na ordem correta.)

| 자음+겹모음(ㅔ) | 영어 표기 | 쓰기 | | | | | | |
|---|---|---|---|---|---|---|---|---|
| ㄱ+ㅔ | Ge | 게 | | | | | | |
| ㄴ+ㅔ | Ne | 네 | | | | | | |
| ㄷ+ㅔ | De | 데 | | | | | | |
| ㄹ+ㅔ | Re | 레 | | | | | | |
| ㅁ+ㅔ | Me | 메 | | | | | | |
| ㅂ+ㅔ | Be | 베 | | | | | | |
| ㅅ+ㅔ | Se | 세 | | | | | | |
| ㅇ+ㅔ | E | 에 | | | | | | |
| ㅈ+ㅔ | Je | 제 | | | | | | |
| ㅊ+ㅔ | Che | 체 | | | | | | |
| ㅋ+ㅔ | Ke | 케 | | | | | | |
| ㅌ+ㅔ | Te | 테 | | | | | | |
| ㅍ+ㅔ | Pe | 페 | | | | | | |
| ㅎ+ㅔ | He | 헤 | | | | | | |

# 자음+겹모음(ㅖ)

[Consoante + vogal composta (ㅖ)]

월 일

## 자음+겹모음(ㅖ) [Consoante + vogal composta (ㅖ)]

다음 자음+겹모음(ㅖ)을 쓰는 순서에 맞게 따라 쓰세요.
(Escreva as seguintes consoantes + vogais compostas (ㅖ) na ordem correta.)

| 자음+겹모음(ㅖ) | 영어 표기 | 쓰기 | | | | | | |
|---|---|---|---|---|---|---|---|---|
| ㄱ+ㅖ | Gye | 계 | | | | | | |
| ㄴ+ㅖ | Nye | 녜 | | | | | | |
| ㄷ+ㅖ | Dye | 뎨 | | | | | | |
| ㄹ+ㅖ | Rye | 례 | | | | | | |
| ㅁ+ㅖ | Mye | 몌 | | | | | | |
| ㅂ+ㅖ | Bye | 볘 | | | | | | |
| ㅅ+ㅖ | Sye | 셰 | | | | | | |
| ㅇ+ㅖ | Ye | 예 | | | | | | |
| ㅈ+ㅖ | Jye | 졔 | | | | | | |
| ㅊ+ㅖ | Chye | 쳬 | | | | | | |
| ㅋ+ㅖ | Kye | 켸 | | | | | | |
| ㅌ+ㅖ | Tye | 톄 | | | | | | |
| ㅍ+ㅖ | Pye | 폐 | | | | | | |
| ㅎ+ㅖ | Hye | 혜 | | | | | | |

# 자음+겹모음(ㅘ)

[Consoante + vogal composta (ㅘ)]

월 일

## 자음+겹모음(ㅘ) [Consoante + vogal composta (ㅘ)]

다음 자음+겹모음(ㅘ)을 쓰는 순서에 맞게 따라 쓰세요.
(Escreva as seguintes consoantes + vogais compostas (ㅘ) na ordem correta.)

| 자음+겹모음(ㅘ) | 영어 표기 | 쓰기 | | | | | | |
|---|---|---|---|---|---|---|---|---|
| ㄱ+ㅘ | Gwa | 과 | | | | | | |
| ㄴ+ㅘ | Nwa | 놔 | | | | | | |
| ㄷ+ㅘ | Dwa | 돠 | | | | | | |
| ㄹ+ㅘ | Rwa | 롸 | | | | | | |
| ㅁ+ㅘ | Mwa | 뫄 | | | | | | |
| ㅂ+ㅘ | Bwa | 봐 | | | | | | |
| ㅅ+ㅘ | Swa | 솨 | | | | | | |
| ㅇ+ㅘ | Wa | 와 | | | | | | |
| ㅈ+ㅘ | Jwa | 좌 | | | | | | |
| ㅊ+ㅘ | Chwa | 촤 | | | | | | |
| ㅋ+ㅘ | Kwa | 콰 | | | | | | |
| ㅌ+ㅘ | Twa | 톼 | | | | | | |
| ㅍ+ㅘ | Pwa | 퐈 | | | | | | |
| ㅎ+ㅘ | Hwa | 화 | | | | | | |

# 자음+겹모음(ㅙ)

[Consoante + vogal composta (ㅙ)]

월 일

## 자음+겹모음(ㅙ) [Consoante + vogal composta (ㅙ)]

다음 자음+겹모음(ㅙ)을 쓰는 순서에 맞게 따라 쓰세요.
(Escreva as seguintes consoantes + vogais compostas (ㅙ) na ordem correta.)

| 자음+겹모음(ㅙ) | 영어 표기 | 쓰기 | | | | | | |
|---|---|---|---|---|---|---|---|---|
| ㄱ+ㅙ | Gwae | 괘 | | | | | | |
| ㄴ+ㅙ | Nwae | 놰 | | | | | | |
| ㄷ+ㅙ | Dwae | 돼 | | | | | | |
| ㄹ+ㅙ | Rwae | 뢔 | | | | | | |
| ㅁ+ㅙ | Mwae | 뫠 | | | | | | |
| ㅂ+ㅙ | Bwae | 봬 | | | | | | |
| ㅅ+ㅙ | Swae | 쇄 | | | | | | |
| ㅇ+ㅙ | Wae | 왜 | | | | | | |
| ㅈ+ㅙ | Jwae | 좨 | | | | | | |
| ㅊ+ㅙ | Chwae | 쵀 | | | | | | |
| ㅋ+ㅙ | Kwae | 쾌 | | | | | | |
| ㅌ+ㅙ | Twae | 퇘 | | | | | | |
| ㅍ+ㅙ | Pwae | 퐤 | | | | | | |
| ㅎ+ㅙ | Hwae | 홰 | | | | | | |

# 자음+겹모음(ㅚ)

[Consoante + vogal composta (ㅚ)]

월 일

## 자음+겹모음(ㅚ) [Consoante + vogal composta (ㅚ)]

다음 자음+겹모음(ㅚ)을 쓰는 순서에 맞게 따라 쓰세요.
(Escreva as seguintes consoantes + vogais compostas (ㅚ) na ordem correta.)

| 자음+겹모음(ㅚ) | 영어 표기 | 쓰기 | | | | | | |
|---|---|---|---|---|---|---|---|---|
| ㄱ+ㅚ | Goe | 괴 | | | | | | |
| ㄴ+ㅚ | Noe | 뇌 | | | | | | |
| ㄷ+ㅚ | Doe | 되 | | | | | | |
| ㄹ+ㅚ | Roe | 뢰 | | | | | | |
| ㅁ+ㅚ | Moe | 뫼 | | | | | | |
| ㅂ+ㅚ | Boe | 뵈 | | | | | | |
| ㅅ+ㅚ | Soe | 쇠 | | | | | | |
| ㅇ+ㅚ | Oe | 외 | | | | | | |
| ㅈ+ㅚ | Joe | 죄 | | | | | | |
| ㅊ+ㅚ | Choe | 최 | | | | | | |
| ㅋ+ㅚ | Koe | 쾨 | | | | | | |
| ㅌ+ㅚ | Toe | 퇴 | | | | | | |
| ㅍ+ㅚ | Poe | 푀 | | | | | | |
| ㅎ+ㅚ | Hoe | 회 | | | | | | |

# 자음+겹모음(ㅝ)

[Consoante + vogal composta (ㅝ)]

월 일

## 자음+겹모음(ㅝ) [Consoante + vogal composta (ㅝ)]

다음 자음+겹모음(ㅝ)을 쓰는 순서에 맞게 따라 쓰세요.
(Escreva as seguintes consoantes + vogais compostas (ㅝ) na ordem correta.)

| 자음+겹모음(ㅝ) | 영어 표기 | 쓰기 | | | | | | |
|---|---|---|---|---|---|---|---|---|
| ㄱ+ㅝ | Gwo | 궈 | | | | | | |
| ㄴ+ㅝ | Nwo | 눠 | | | | | | |
| ㄷ+ㅝ | Dwo | 둬 | | | | | | |
| ㄹ+ㅝ | Rwo | 뤄 | | | | | | |
| ㅁ+ㅝ | Mwo | 뭐 | | | | | | |
| ㅂ+ㅝ | Bwo | 붜 | | | | | | |
| ㅅ+ㅝ | Swo | 숴 | | | | | | |
| ㅇ+ㅝ | Wo | 워 | | | | | | |
| ㅈ+ㅝ | Jwo | 줘 | | | | | | |
| ㅊ+ㅝ | Chwo | 춰 | | | | | | |
| ㅋ+ㅝ | Kwo | 쿼 | | | | | | |
| ㅌ+ㅝ | Two | 퉈 | | | | | | |
| ㅍ+ㅝ | Pwo | 풔 | | | | | | |
| ㅎ+ㅝ | Hwo | 훠 | | | | | | |

# 자음+겹모음(ㅟ)

[Consoante + vogal composta (ㅟ)]

월 일

## 자음+겹모음(ㅟ) [Consoante + vogal composta (ㅟ)]

다음 자음+겹모음(ㅟ)을 쓰는 순서에 맞게 따라 쓰세요.
(Escreva as seguintes consoantes + vogais compostas (ㅟ) na ordem correta.)

| 자음+겹모음(ㅟ) | 영어 표기 | 쓰기 | | | | | | |
|---|---|---|---|---|---|---|---|---|
| ㄱ+ㅟ | Gwi | 귀 | | | | | | |
| ㄴ+ㅟ | Nwi | 뉘 | | | | | | |
| ㄷ+ㅟ | Dwi | 뒤 | | | | | | |
| ㄹ+ㅟ | Rwi | 뤼 | | | | | | |
| ㅁ+ㅟ | Mwi | 뮈 | | | | | | |
| ㅂ+ㅟ | Bwi | 뷔 | | | | | | |
| ㅅ+ㅟ | Swi | 쉬 | | | | | | |
| ㅇ+ㅟ | Wi | 위 | | | | | | |
| ㅈ+ㅟ | Jwi | 쥐 | | | | | | |
| ㅊ+ㅟ | Chwi | 취 | | | | | | |
| ㅋ+ㅟ | Kwi | 퀴 | | | | | | |
| ㅌ+ㅟ | Twi | 튀 | | | | | | |
| ㅍ+ㅟ | Pwi | 퓌 | | | | | | |
| ㅎ+ㅟ | Hwi | 휘 | | | | | | |

# 09 자음+겹모음(ㅟ)

[Consoante + vogal composta (ㅟ)]

월 일

## 자음+겹모음(ㅟ) [Consoante + vogal composta (ㅟ)]

다음 자음+겹모음(ㅟ)을 쓰는 순서에 맞게 따라 쓰세요.
(Escreva as seguintes consoantes + vogais compostas (ㅟ) na ordem correta.)

| 자음+겹모음(ㅟ) | 영어 표기 | 쓰기 | | | | | | |
|---|---|---|---|---|---|---|---|---|
| ㄱ+ㅟ | Gwi | 귀 | | | | | | |
| ㄴ+ㅟ | Nwi | 뉘 | | | | | | |
| ㄷ+ㅟ | Dwi | 뒤 | | | | | | |
| ㄹ+ㅟ | Rwi | 뤼 | | | | | | |
| ㅁ+ㅟ | Mwi | 뮈 | | | | | | |
| ㅂ+ㅟ | Bwi | 뷔 | | | | | | |
| ㅅ+ㅟ | Swi | 쉬 | | | | | | |
| ㅇ+ㅟ | Wi | 위 | | | | | | |
| ㅈ+ㅟ | Jwi | 쥐 | | | | | | |
| ㅊ+ㅟ | Chwi | 취 | | | | | | |
| ㅋ+ㅟ | Kwi | 퀴 | | | | | | |
| ㅌ+ㅟ | Twi | 튀 | | | | | | |
| ㅍ+ㅟ | Pwi | 퓌 | | | | | | |
| ㅎ+ㅟ | Hwi | 휘 | | | | | | |

# 받침 ㄱ(기역)이 있는 글자
[Letras com consoante 'ㄱ'(Giyeog)]

월 일

## 받침 ㄱ(기역) [Consoante 'ㄱ'(Giyeog)]

다음 받침 ㄱ(기역)이 들어간 글자를 쓰는 순서에 맞게 따라 쓰세요.
(Escreva as seguintes letras com a consoante 'ㄱ'(Giyeog) na ordem em que foram escritas.)

| 받침 ㄱ(기역) | 영어 표기 | 쓰기 | | | | | | |
|---|---|---|---|---|---|---|---|---|
| 가+ㄱ | Gak | 각 | | | | | | |
| 나+ㄱ | Nak | 낙 | | | | | | |
| 다+ㄱ | Dak | 닥 | | | | | | |
| 라+ㄱ | Rak | 락 | | | | | | |
| 마+ㄱ | Mak | 막 | | | | | | |
| 바+ㄱ | Bak | 박 | | | | | | |
| 사+ㄱ | Sak | 삭 | | | | | | |
| 아+ㄱ | Ak | 악 | | | | | | |
| 자+ㄱ | Jak | 작 | | | | | | |
| 차+ㄱ | Chak | 착 | | | | | | |
| 카+ㄱ | Kak | 칵 | | | | | | |
| 타+ㄱ | Tak | 탁 | | | | | | |
| 파+ㄱ | Pak | 팍 | | | | | | |
| 하+ㄱ | Hak | 학 | | | | | | |

# 받침 ㄴ(니은)이 있는 글자

[Letras com consoante 'ㄴ'(Nieun)]

월 일

## 받침 ㄴ(니은) [Consoante 'ㄴ'(Nieun)]

다음 받침 ㄴ(니은)이 들어간 글자를 쓰는 순서에 맞게 따라 쓰세요.
(Escreva as seguintes letras com a consoante 'ㄴ'(Nieun) na ordem em que foram escritas.)

| 받침 ㄴ(니은) | 영어 표기 | 쓰기 | | | | | | |
|---|---|---|---|---|---|---|---|---|
| 가+ㄴ | Gan | 간 | | | | | | |
| 나+ㄴ | Nan | 난 | | | | | | |
| 다+ㄴ | Dan | 단 | | | | | | |
| 라+ㄴ | Ran | 란 | | | | | | |
| 마+ㄴ | Man | 만 | | | | | | |
| 바+ㄴ | Ban | 반 | | | | | | |
| 사+ㄴ | San | 산 | | | | | | |
| 아+ㄴ | An | 안 | | | | | | |
| 자+ㄴ | Jan | 잔 | | | | | | |
| 차+ㄴ | Chan | 찬 | | | | | | |
| 카+ㄴ | Kan | 칸 | | | | | | |
| 타+ㄴ | Tan | 탄 | | | | | | |
| 파+ㄴ | Pan | 판 | | | | | | |
| 하+ㄴ | Han | 한 | | | | | | |

# 받침 ㄷ(디귿)이 있는 글자

[Letras com consoante ‘ㄷ’(Digud)]

월 일

## 받침 ㄷ(디귿) [Consoante ‘ㄷ’(Digud)]

다음 받침 ㄷ(디귿)이 들어간 글자를 쓰는 순서에 맞게 따라 쓰세요.

(Escreva as seguintes letras com a consoante ‘ㄷ’(Digud) na ordem em que foram escritas.)

| 받침 ㄷ(디귿) | 영어 표기 | 쓰기 | | | | | | |
|---|---|---|---|---|---|---|---|---|
| 가+ㄷ | Gat | 갇 | | | | | | |
| 나+ㄷ | Nat | 낟 | | | | | | |
| 다+ㄷ | Dat | 닫 | | | | | | |
| 라+ㄷ | Rat | 랃 | | | | | | |
| 마+ㄷ | Mat | 맏 | | | | | | |
| 바+ㄷ | Bat | 받 | | | | | | |
| 사+ㄷ | Sat | 삳 | | | | | | |
| 아+ㄷ | At | 앋 | | | | | | |
| 자+ㄷ | Jat | 잗 | | | | | | |
| 차+ㄷ | Chat | 찯 | | | | | | |
| 카+ㄷ | Kat | 칻 | | | | | | |
| 타+ㄷ | Tat | 탇 | | | | | | |
| 파+ㄷ | Pat | 팓 | | | | | | |
| 하+ㄷ | Hat | 핟 | | | | | | |

# 받침 ㄹ(리을)이 있는 글자

[Letras com consoante 'ㄹ'(Lieul)]

월 일

## 받침 ㄹ(리을) [Consoante 'ㄹ'(Lieul)]

다음 받침 ㄹ(리을)이 들어간 글자를 쓰는 순서에 맞게 따라 쓰세요.
(Escreva as seguintes letras com a consoante 'ㄹ'(Lieul) na ordem em que foram escritas.)

| 받침 ㄹ(리을) | 영어 표기 | 쓰기 | | | | | | |
|---|---|---|---|---|---|---|---|---|
| 가+ㄹ | Gal | 갈 | | | | | | |
| 나+ㄹ | Nal | 날 | | | | | | |
| 다+ㄹ | Dal | 달 | | | | | | |
| 라+ㄹ | Ral | 랄 | | | | | | |
| 마+ㄹ | Mal | 말 | | | | | | |
| 바+ㄹ | Bal | 발 | | | | | | |
| 사+ㄹ | Sal | 살 | | | | | | |
| 아+ㄹ | Al | 알 | | | | | | |
| 자+ㄹ | Jal | 잘 | | | | | | |
| 차+ㄹ | Chal | 찰 | | | | | | |
| 카+ㄹ | Kal | 칼 | | | | | | |
| 타+ㄹ | Tal | 탈 | | | | | | |
| 파+ㄹ | Pal | 팔 | | | | | | |
| 하+ㄹ | Hal | 할 | | | | | | |

# 받침 ㅁ(미음)이 있는 글자

[Letras com consoante 'ㅁ'(Mieum)]

월 일

## 받침 ㅁ(미음) [Consoante 'ㅁ'(Mieum)]

다음 받침 ㅁ(미음)이 들어간 글자를 쓰는 순서에 맞게 따라 쓰세요.
(Escreva as seguintes letras com a consoante 'ㅁ'(Mieum) na ordem em que foram escritas.)

| 받침 ㅁ(미음) | 영어 표기 | 쓰기 | | | | | | |
|---|---|---|---|---|---|---|---|---|
| 가+ㅁ | Gam | 감 | | | | | | |
| 나+ㅁ | Nam | 남 | | | | | | |
| 다+ㅁ | Dam | 담 | | | | | | |
| 라+ㅁ | Ram | 람 | | | | | | |
| 마+ㅁ | Mam | 맘 | | | | | | |
| 바+ㅁ | Bam | 밤 | | | | | | |
| 사+ㅁ | Sam | 삼 | | | | | | |
| 아+ㅁ | Am | 암 | | | | | | |
| 자+ㅁ | Jam | 잠 | | | | | | |
| 차+ㅁ | Cham | 참 | | | | | | |
| 카+ㅁ | Kam | 캄 | | | | | | |
| 타+ㅁ | Tam | 탐 | | | | | | |
| 파+ㅁ | Pam | 팜 | | | | | | |
| 하+ㅁ | Ham | 함 | | | | | | |

15

# 받침 ㅂ(비읍)이 있는 글자

[Letras com consoante 'ㅂ'(Biub)]

월 일

## 받침 ㅂ(비읍) [Consoante 'ㅂ'(Biub)]

다음 받침 ㅂ(비읍)이 들어간 글자를 쓰는 순서에 맞게 따라 쓰세요.
(Escreva as seguintes letras com a consoante 'ㅂ'(Biub) na ordem em que foram escritas.)

| 받침 ㅂ(비읍) | 영어 표기 | 쓰기 | | | | | | |
|---|---|---|---|---|---|---|---|---|
| 가+ㅂ | Gap | 갑 | | | | | | |
| 나+ㅂ | Nap | 납 | | | | | | |
| 다+ㅂ | Dap | 답 | | | | | | |
| 라+ㅂ | Rap | 랍 | | | | | | |
| 마+ㅂ | Map | 맙 | | | | | | |
| 바+ㅂ | Bap | 밥 | | | | | | |
| 사+ㅂ | Sap | 삽 | | | | | | |
| 아+ㅂ | Ap | 압 | | | | | | |
| 자+ㅂ | Jap | 잡 | | | | | | |
| 차+ㅂ | Chap | 찹 | | | | | | |
| 카+ㅂ | Kap | 캅 | | | | | | |
| 타+ㅂ | Tap | 탑 | | | | | | |
| 파+ㅂ | Pap | 팝 | | | | | | |
| 하+ㅂ | Hap | 합 | | | | | | |

# 16 받침 ㅅ(시옷)이 있는 글자

[Letras com consoante 'ㅅ'(Siot)]

월 일

## 받침 ㅅ(시옷) [Consoante 'ㅅ'(Siot)]

다음 받침 ㅅ(시옷)이 들어간 글자를 쓰는 순서에 맞게 따라 쓰세요.
(Escreva as seguintes letras com a consoante 'ㅅ'(Siot) na ordem em que foram escritas.)

| 받침 ㅅ(시옷) | 영어 표기 | 쓰기 | | | | | | |
|---|---|---|---|---|---|---|---|---|
| 가+ㅅ | Gat | 갓 | | | | | | |
| 나+ㅅ | Nat | 낫 | | | | | | |
| 다+ㅅ | Dat | 닷 | | | | | | |
| 라+ㅅ | Rat | 랏 | | | | | | |
| 마+ㅅ | Mat | 맛 | | | | | | |
| 바+ㅅ | Bat | 밧 | | | | | | |
| 사+ㅅ | Sat | 삿 | | | | | | |
| 아+ㅅ | At | 앗 | | | | | | |
| 자+ㅅ | Jat | 잣 | | | | | | |
| 차+ㅅ | Chat | 찻 | | | | | | |
| 카+ㅅ | Kat | 캇 | | | | | | |
| 타+ㅅ | Tat | 탓 | | | | | | |
| 파+ㅅ | Pat | 팟 | | | | | | |
| 하+ㅅ | Hat | 핫 | | | | | | |

# 받침 ㅇ(이응)이 있는 글자

[Letras com consoante 'ㅇ'(leung)]

월 일

## 받침 ㅇ(이응) [Consoante 'ㅇ'(leung)]

다음 받침 ㅇ(이응)이 들어간 글자를 쓰는 순서에 맞게 따라 쓰세요.
(Escreva as seguintes letras com a consoante 'ㅇ'(Ieung) na ordem em que foram escritas.)

| 받침 ㅇ(이응) | 영어 표기 | 쓰기 | | | | | | |
|---|---|---|---|---|---|---|---|---|
| 가+ㅇ | Gang | 강 | | | | | | |
| 나+ㅇ | Nang | 낭 | | | | | | |
| 다+ㅇ | Dang | 당 | | | | | | |
| 라+ㅇ | Rang | 랑 | | | | | | |
| 마+ㅇ | Mang | 망 | | | | | | |
| 바+ㅇ | Bang | 방 | | | | | | |
| 사+ㅇ | Sang | 상 | | | | | | |
| 아+ㅇ | Ang | 앙 | | | | | | |
| 자+ㅇ | Jang | 장 | | | | | | |
| 차+ㅇ | Chang | 창 | | | | | | |
| 카+ㅇ | Kang | 캉 | | | | | | |
| 타+ㅇ | Tang | 탕 | | | | | | |
| 파+ㅇ | Pang | 팡 | | | | | | |
| 하+ㅇ | Hang | 항 | | | | | | |

# 받침 ㅈ(지읒)이 있는 글자

[Letras com consoante ‘ㅈ’(Jieuj)]

월 일

## 받침 ㅈ(지읒) [Consoante ‘ㅈ’(Jieuj)]

다음 받침 ㅈ(지읒)이 들어간 글자를 쓰는 순서에 맞게 따라 쓰세요.
(Escreva as seguintes letras com a consoante ‘ㅈ’(Jieuj) na ordem em que foram escritas.)

| 받침 ㅈ(지읒) | 영어 표기 | 쓰기 | | | | | | |
|---|---|---|---|---|---|---|---|---|
| 가+ㅈ | Gat | 갖 | | | | | | |
| 나+ㅈ | Nat | 낮 | | | | | | |
| 다+ㅈ | Dat | 닺 | | | | | | |
| 라+ㅈ | Rat | 랒 | | | | | | |
| 마+ㅈ | Mat | 맞 | | | | | | |
| 바+ㅈ | Bat | 밪 | | | | | | |
| 사+ㅈ | Sat | 샂 | | | | | | |
| 아+ㅈ | At | 앚 | | | | | | |
| 자+ㅈ | Jat | 잦 | | | | | | |
| 차+ㅈ | Chat | 찾 | | | | | | |
| 카+ㅈ | Kat | 캊 | | | | | | |
| 타+ㅈ | Tat | 탖 | | | | | | |
| 파+ㅈ | Pat | 팢 | | | | | | |
| 하+ㅈ | Hat | 핮 | | | | | | |

# 받침 ㅊ(치읓)이 있는 글자

[Letras com consoante 'ㅊ'(Chieuch)]

월 일

## 받침 ㅊ(치읓) [Consoante 'ㅊ'(Chieuch)]

다음 받침 ㅊ(치읓)이 들어간 글자를 쓰는 순서에 맞게 따라 쓰세요.
(Escreva as seguintes letras com a consoante 'ㅊ'(Chieuch) na ordem em que foram escritas.)

| 받침 ㅊ(치읓) | 영어 표기 | 쓰기 | | | | | | |
|---|---|---|---|---|---|---|---|---|
| 가+ㅊ | Gat | 갗 | | | | | | |
| 나+ㅊ | Nat | 낯 | | | | | | |
| 다+ㅊ | Dat | 닻 | | | | | | |
| 라+ㅊ | Rat | 랓 | | | | | | |
| 마+ㅊ | Mat | 맟 | | | | | | |
| 바+ㅊ | Bat | 밫 | | | | | | |
| 사+ㅊ | Sat | 샃 | | | | | | |
| 아+ㅊ | At | 앛 | | | | | | |
| 자+ㅊ | Jat | 잧 | | | | | | |
| 차+ㅊ | Chat | 챛 | | | | | | |
| 카+ㅊ | Kat | 캋 | | | | | | |
| 타+ㅊ | Tat | 탗 | | | | | | |
| 파+ㅊ | Pat | 팣 | | | | | | |
| 하+ㅊ | Hat | 핯 | | | | | | |

# 받침 ㅋ(키읔)이 있는 글자

[Letras com consoante 'ㅋ'(Kieuk)]

월 일

## 받침 ㅋ(키읔) [Consoante 'ㅋ'(Kieuk)]

다음 받침 ㅋ(키읔)이 들어간 글자를 쓰는 순서에 맞게 따라 쓰세요.
(Escreva as seguintes letras com a consoante 'ㅋ'(Kieuk) na ordem em que foram escritas.)

| 받침 ㅋ(키읔) | 영어 표기 | 쓰기 | | | | | | |
|---|---|---|---|---|---|---|---|---|
| 가+ㅋ | Gak | 각 | | | | | | |
| 나+ㅋ | Nak | 낙 | | | | | | |
| 다+ㅋ | Dak | 닥 | | | | | | |
| 라+ㅋ | Rak | 락 | | | | | | |
| 마+ㅋ | Mak | 막 | | | | | | |
| 바+ㅋ | Bak | 박 | | | | | | |
| 사+ㅋ | Sak | 삭 | | | | | | |
| 아+ㅋ | Ak | 악 | | | | | | |
| 자+ㅋ | Jak | 작 | | | | | | |
| 차+ㅋ | Chak | 착 | | | | | | |
| 카+ㅋ | Kak | 칵 | | | | | | |
| 타+ㅋ | Tak | 탁 | | | | | | |
| 파+ㅋ | Pak | 팍 | | | | | | |
| 하+ㅋ | Hak | 학 | | | | | | |

# 받침 ㅌ(티읕)이 있는 글자

[Letras com consoante 'ㅌ'(Tieut)]

월 일

## 받침 ㅌ(티읕) [Consoante 'ㅌ'(Tieut)]

다음 받침 ㅌ(티읕)이 들어간 글자를 쓰는 순서에 맞게 따라 쓰세요.
(Escreva as seguintes letras com a consoante 'ㅌ'(Tieut) na ordem em que foram escritas.)

| 받침 ㅌ(티읕) | 영어 표기 | 쓰기 | | | | | | |
|---|---|---|---|---|---|---|---|---|
| 가+ㅌ | Gat | 같 | | | | | | |
| 나+ㅌ | Nat | 낱 | | | | | | |
| 다+ㅌ | Dat | 닽 | | | | | | |
| 라+ㅌ | Rat | 랕 | | | | | | |
| 마+ㅌ | Mat | 맡 | | | | | | |
| 바+ㅌ | Bat | 밭 | | | | | | |
| 사+ㅌ | Sat | 샅 | | | | | | |
| 아+ㅌ | At | 앝 | | | | | | |
| 자+ㅌ | Jat | 잩 | | | | | | |
| 차+ㅌ | Chat | 챁 | | | | | | |
| 카+ㅌ | Kat | 캍 | | | | | | |
| 타+ㅌ | Tat | 탙 | | | | | | |
| 파+ㅌ | Pat | 팥 | | | | | | |
| 하+ㅌ | Hat | 핱 | | | | | | |

# 22 받침 ㅍ(피읖)이 있는 글자

[Letras com consoante 'ㅍ'(Pieup)]

월 일

## 받침 ㅍ(피읖) [Consoante 'ㅍ'(Pieup)]

다음 받침 ㅍ(피읖)이 들어간 글자를 쓰는 순서에 맞게 따라 쓰세요.
(Escreva as seguintes letras com a consoante 'ㅍ'(Pieup) na ordem em que foram escritas.)

| 받침 ㅍ(피읖) | 영어 표기 | 쓰기 | | | | | | |
|---|---|---|---|---|---|---|---|---|
| 가+ㅍ | Gap | 갚 | | | | | | |
| 나+ㅍ | Nap | 낲 | | | | | | |
| 다+ㅍ | Dap | 닾 | | | | | | |
| 라+ㅍ | Rap | 랖 | | | | | | |
| 마+ㅍ | Map | 맢 | | | | | | |
| 바+ㅍ | Bap | 밮 | | | | | | |
| 사+ㅍ | Sap | 샆 | | | | | | |
| 아+ㅍ | Ap | 앞 | | | | | | |
| 자+ㅍ | Jap | 잪 | | | | | | |
| 차+ㅍ | Chap | 챂 | | | | | | |
| 카+ㅍ | Kap | 캎 | | | | | | |
| 타+ㅍ | Tap | 탚 | | | | | | |
| 파+ㅍ | Pap | 팦 | | | | | | |
| 하+ㅍ | Hap | 핲 | | | | | | |

# 23 받침 ㅎ(히읗)이 있는 글자

[Letras com consoante 'ㅎ'(Rieut)]

월 일

## 받침 ㅎ(히읗) [Consoante 'ㅎ'(Rieut)]

다음 받침 ㅎ(히읗)이 들어간 글자를 쓰는 순서에 맞게 따라 쓰세요.
(Escreva as seguintes letras com a consoante 'ㅎ'(Rieut) na ordem em que foram escritas.)

| 받침 ㅎ(히읗) | 영어 표기 | 쓰기 | | | | | | |
|---|---|---|---|---|---|---|---|---|
| 가+ㅎ | Gat | 갛 | | | | | | |
| 나+ㅎ | Nat | 낳 | | | | | | |
| 다+ㅎ | Dat | 닿 | | | | | | |
| 라+ㅎ | Rat | 랗 | | | | | | |
| 마+ㅎ | Mat | 맣 | | | | | | |
| 바+ㅎ | Bat | 밯 | | | | | | |
| 사+ㅎ | Sat | 샇 | | | | | | |
| 아+ㅎ | At | 앟 | | | | | | |
| 자+ㅎ | Jat | 잫 | | | | | | |
| 차+ㅎ | Chat | 챃 | | | | | | |
| 카+ㅎ | Kat | 캏 | | | | | | |
| 타+ㅎ | Tat | 탛 | | | | | | |
| 파+ㅎ | Pat | 팧 | | | | | | |
| 하+ㅎ | Hat | 핳 | | | | | | |

제6장

# 주제별 낱말

Capítulo 6
Palavras por tópico

# 01 과일 [Fruta]

월 일

■ 다음을 쓰는 순서에 맞게 따라 쓰세요.
(Por favor, escreva a seguintes palavras na ordem correta.)

| | | | | | | | | |
|---|---|---|---|---|---|---|---|---|
| 사과 Maçã | 사 | 과 | | | | | | |
| 배 Pera | 배 | | | | | | | |
| 바나나 Banana | 바 | 나 | 나 | | | | | |
| 딸기 Morango | 딸 | 기 | | | | | | |
| 토마토 Tomate | 토 | 마 | 토 | | | | | |

# 과일 [Fruta]

월 일

■ 다음을 쓰는 순서에 맞게 따라 쓰세요.
(Por favor, escreva a seguintes palavras na ordem correta.)

수박 Melancia

| 수 | 박 | | | | | | |
|---|---|---|---|---|---|---|---|
| | | | | | | | |

복숭아 Pêssego

| 복 | 숭 | 아 | | | | | |
|---|---|---|---|---|---|---|---|
| | | | | | | | |

오렌지 Laranja

| 오 | 렌 | 지 | | | | | |
|---|---|---|---|---|---|---|---|
| | | | | | | | |

귤 Tangerina

| 귤 | | | | | | | |
|---|---|---|---|---|---|---|---|
| | | | | | | | |

키위 Kiwi

| 키 | 위 | | | | | | |
|---|---|---|---|---|---|---|---|
| | | | | | | | |

# 과일 [Fruta]

월 일

■ 다음을 쓰는 순서에 맞게 따라 쓰세요.
(Por favor, escreva a seguintes palavras na ordem correta.)

|  | | | | | | | | |
|---|---|---|---|---|---|---|---|---|
| 참외 Melão | 참 | 외 | | | | | | |
| | | | | | | | | |
| 파인애플 Abacaxi | 파 | 인 | 애 | 플 | | | | |
| | | | | | | | | |
| 레몬 Limão | 레 | 몬 | | | | | | |
| | | | | | | | | |
| 감 Caqui | 감 | | | | | | | |
| | | | | | | | | |
| 포도 Uva | 포 | 도 | | | | | | |
| | | | | | | | | |

## 02 동물 [Animal]

월 일

■ 다음을 쓰는 순서에 맞게 따라 쓰세요.
(Por favor, escreva a seguintes palavras na ordem correta.)

| | | | | | | | | |
|---|---|---|---|---|---|---|---|---|
| **타조** Avestruz | 타 | 조 | | | | | | |
| | | | | | | | | |
| **호랑이** Tigre | 호 | 랑 | 이 | | | | | |
| | | | | | | | | |
| **사슴** Veado | 사 | 슴 | | | | | | |
| | | | | | | | | |
| **고양이** Gato | 고 | 양 | 이 | | | | | |
| | | | | | | | | |
| **여우** Raposa | 여 | 우 | | | | | | |
| | | | | | | | | |

# 동물 [Animal]

월 일

■ 다음을 쓰는 순서에 맞게 따라 쓰세요.
(Por favor, escreva a seguintes palavras na ordem correta.)

| | | | | | | | | |
|---|---|---|---|---|---|---|---|---|
| 사자 Leão | 사 | 자 | | | | | | |
| 코끼리 Elefante | 코 | 끼 | 리 | | | | | |
| 돼지 Porco | 돼 | 지 | | | | | | |
| 강아지 Cachorro | 강 | 아 | 지 | | | | | |
| 토끼 Coelho | 토 | 끼 | | | | | | |

# 동물 [Animal]

월 일

■ 다음을 쓰는 순서에 맞게 따라 쓰세요.
(Por favor, escreva a seguintes palavras na ordem correta.)

| | | | | | | | | |
|---|---|---|---|---|---|---|---|---|
| 기린 Girafa | 기 | 린 | | | | | | |
| | | | | | | | | |
| 곰 Urso | 곰 | | | | | | | |
| | | | | | | | | |
| 원숭이 Macaco | 원 | 숭 | 이 | | | | | |
| | | | | | | | | |
| 너구리 Guaxinim | 너 | 구 | 리 | | | | | |
| | | | | | | | | |
| 거북이 Tartaruga | 거 | 북 | 이 | | | | | |
| | | | | | | | | |

# 채소 [Legume]

월 일

■ 다음을 쓰는 순서에 맞게 따라 쓰세요.
(Por favor, escreva a seguintes palavras na ordem correta.)

| | | | | | | | | |
|---|---|---|---|---|---|---|---|---|
| 배추 Couve napa | 배 | 추 | | | | | | |
| | | | | | | | | |
| 당근 Cenoura | 당 | 근 | | | | | | |
| | | | | | | | | |
| 마늘 Alho | 마 | 늘 | | | | | | |
| | | | | | | | | |
| 시금치 Espinafre | 시 | 금 | 치 | | | | | |
| | | | | | | | | |
| 미나리 Agrião | 미 | 나 | 리 | | | | | |
| | | | | | | | | |

# 채소 [Legume]

월 일

■ 다음을 쓰는 순서에 맞게 따라 쓰세요.
(Por favor, escreva a seguintes palavras na ordem correta.)

| | | | | | | | | |
|---|---|---|---|---|---|---|---|---|
| 무 Nabo | 무 | | | | | | | |
| 상추 Alface | 상 | 추 | | | | | | |
| 양파 Cebola | 양 | 파 | | | | | | |
| 부추 Alho-poró | 부 | 추 | | | | | | |
| 감자 Batata | 감 | 자 | | | | | | |

# 채소 [Legume]

월 일

■ 다음을 쓰는 순서에 맞게 따라 쓰세요.
(Por favor, escreva a seguintes palavras na ordem correta.)

| | | | | | | | | |
|---|---|---|---|---|---|---|---|---|
| 오이 Pepino | 오 | 이 | | | | | | |
| 파 Cebolinha | 파 | | | | | | | |
| 가지 Berinjela | 가 | 지 | | | | | | |
| 고추 Pimenta | 고 | 추 | | | | | | |
| 양배추 Repolho | 양 | 배 | 추 | | | | | |

# 04 직업 [Profissão]

월 일

■ 다음을 쓰는 순서에 맞게 따라 쓰세요.
(Por favor, escreva a seguintes palavras na ordem correta.)

| | | | | | | | | |
|---|---|---|---|---|---|---|---|---|
| 경찰관 Policial | 경 | 찰 | 관 | | | | | |
| | | | | | | | | |
| 소방관 Bombeiro | 소 | 방 | 관 | | | | | |
| | | | | | | | | |
| 요리사 Cozinheiro | 요 | 리 | 사 | | | | | |
| | | | | | | | | |
| 환경미화원 Funcionário de saneamento | 환 | 경 | 미 | 화 | 원 | | | |
| | | | | | | | | |
| 화가 Pintor | 화 | 가 | | | | | | |
| | | | | | | | | |

# 04 직업 [Profissão]

월 일

■ 다음을 쓰는 순서에 맞게 따라 쓰세요.
(Por favor, escreva a seguintes palavras na ordem correta.)

| | | | | | | | | |
|---|---|---|---|---|---|---|---|---|
| 간호사 Enfermeiro(a) | 간 | 호 | 사 | | | | | |
| 회사원 Funcionário(a) de escritório | 회 | 사 | 원 | | | | | |
| 미용사 Cabeleireiro(a) | 미 | 용 | 사 | | | | | |
| 가수 Cantor(a) | 가 | 수 | | | | | | |
| 소설가 Escritor(a) | 소 | 설 | 가 | | | | | |

# 직업 [Profissão]

월 일

■ 다음을 쓰는 순서에 맞게 따라 쓰세요.
(Por favor, escreva a seguintes palavras na ordem correta.)

| | | | | | | | | |
|---|---|---|---|---|---|---|---|---|
| 의사 Médico(a) | 의 | 사 | | | | | | |
| | | | | | | | | |
| 선생님 Professor(a) | 선 | 생 | 님 | | | | | |
| | | | | | | | | |
| 주부 Dona de casa | 주 | 부 | | | | | | |
| | | | | | | | | |
| 운동선수 Atleta | 운 | 동 | 선 | 수 | | | | |
| | | | | | | | | |
| 우편집배원 Carteiro | 우 | 편 | 집 | 배 | 원 | | | |
| | | | | | | | | |

# 음식 [Comida]

월 일

■ 다음을 쓰는 순서에 맞게 따라 쓰세요.
(Por favor, escreva a seguintes palavras na ordem correta.)

| | | | | | | | | |
|---|---|---|---|---|---|---|---|---|
| 김치찌개 Sopa de kimchi | 김 | 치 | 찌 | 개 | | | | |
| 미역국 Sopa de algas marinhas | 미 | 역 | 국 | | | | | |
| 김치볶음밥 Arroz frito com kimchi | 김 | 치 | 볶 | 음 | 밥 | | | |
| 돈가스 Carne de porco empanada e frita | 돈 | 가 | 스 | | | | | |
| 국수 Macarrão | 국 | 수 | | | | | | |

# 음식 [Comida]

월 일

■ 다음을 쓰는 순서에 맞게 따라 쓰세요.
(Por favor, escreva a seguintes palavras na ordem correta.)

| | | | | | | | | |
|---|---|---|---|---|---|---|---|---|
| 된장찌개 Sopa de pasta de soja | 된 | 장 | 찌 | 개 | | | | |
| | | | | | | | | |
| 불고기 Bulgogi | 불 | 고 | 기 | | | | | |
| | | | | | | | | |
| 김밥 Kimbap | 김 | 밥 | | | | | | |
| | | | | | | | | |
| 라면 Ramen | 라 | 면 | | | | | | |
| | | | | | | | | |
| 떡 Bolo de arroz | 떡 | | | | | | | |
| | | | | | | | | |

# 음식 [Comida]

월 일

■ 다음을 쓰는 순서에 맞게 따라 쓰세요.
(Por favor, escreva a seguintes palavras na ordem correta.)

| | | | | | | | | |
|---|---|---|---|---|---|---|---|---|
| 순두부찌개 Sopa de tofu macio | 순 | 두 | 부 | 찌 | 개 | | | |
| | | | | | | | | |
| 비빔밥 Bibimbap | 비 | 빔 | 밥 | | | | | |
| | | | | | | | | |
| 만두 Mandu | 만 | 두 | | | | | | |
| | | | | | | | | |
| 피자 Pizza | 피 | 자 | | | | | | |
| | | | | | | | | |
| 케이크 Bolo | 케 | 이 | 크 | | | | | |
| | | | | | | | | |

# 위 치 [Posição]

월 일

■ 다음을 쓰는 순서에 맞게 따라 쓰세요.
(Por favor, escreva a seguintes palavras na ordem correta.)

| | | | | | | | | |
|---|---|---|---|---|---|---|---|---|
| 앞 Frente | 앞 | | | | | | | |
| 뒤 Trás | 뒤 | | | | | | | |
| 위 Cima | 위 | | | | | | | |
| 아래 Baixo | 아 | 래 | | | | | | |
| 오른쪽 Direita | 오 | 른 | 쪽 | | | | | |

# 위치 [Posição]

월 일

■ 다음을 쓰는 순서에 맞게 따라 쓰세요.
(Por favor, escreva a seguintes palavras na ordem correta.)

| | | | | | | | | |
|---|---|---|---|---|---|---|---|---|
| 왼쪽 Esquerda | 왼 | 쪽 | | | | | | |
| 옆 Lateral | 옆 | | | | | | | |
| 안 Interior | 안 | | | | | | | |
| 밖 Exterior | 밖 | | | | | | | |
| 밑 Inferior | 밑 | | | | | | | |

# 06 위치 [Posição]

월 일

■ 다음을 쓰는 순서에 맞게 따라 쓰세요.
(Por favor, escreva a seguintes palavras na ordem correta.)

| | | | | | | | | |
|---|---|---|---|---|---|---|---|---|
| 사이 Entre | 사 | 이 | | | | | | |
| | | | | | | | | |
| 동쪽 Leste | 동 | 쪽 | | | | | | |
| | | | | | | | | |
| 서쪽 Oeste | 서 | 쪽 | | | | | | |
| | | | | | | | | |
| 남쪽 Sul | 남 | 쪽 | | | | | | |
| | | | | | | | | |
| 북쪽 Norte | 북 | 쪽 | | | | | | |
| | | | | | | | | |

# 07 탈것 [Tansporte]

월 일

■ 다음을 쓰는 순서에 맞게 따라 쓰세요.
(Por favor, escreva a seguintes palavras na ordem correta.)

| | | | | | | | | |
|---|---|---|---|---|---|---|---|---|
| 버스 Ônibus | 버 | 스 | | | | | | |
| 비행기 Avião | 비 | 행 | 기 | | | | | |
| 배 Barco | 배 | | | | | | | |
| 오토바이 Motocicleta | 오 | 토 | 바 | 이 | | | | |
| 소방차 Caminhão de bombeiros | 소 | 방 | 차 | | | | | |

07

# 탈것 [Tansporte]

월 일

■ 다음을 쓰는 순서에 맞게 따라 쓰세요.
(Por favor, escreva a seguintes palavras na ordem correta.)

| | | | | | | | | |
|---|---|---|---|---|---|---|---|---|
| 자동차 Carro | 자 | 동 | 차 | | | | | |
| 지하철 Metrô | 지 | 하 | 철 | | | | | |
| 기차 Trem | 기 | 차 | | | | | | |
| 헬리콥터 Helicóptero | 헬 | 리 | 콥 | 터 | | | | |
| 포클레인 Excavadora de poclina | 포 | 클 | 레 | 인 | | | | |

# 탈것 [Tansporte]

월 일

■ 다음을 쓰는 순서에 맞게 따라 쓰세요.
(Por favor, escreva a seguintes palavras na ordem correta.)

| | | | | | | | | |
|---|---|---|---|---|---|---|---|---|
| 택시 Táxi | 택 | 시 | | | | | | |
| 자전거 Bicicleta | 자 | 전 | 거 | | | | | |
| 트럭 Caminhão | 트 | 럭 | | | | | | |
| 구급차 Ambulância | 구 | 급 | 차 | | | | | |
| 기구 Balão | 기 | 구 | | | | | | |

# 장소 [Local]

월 일

■ 다음을 쓰는 순서에 맞게 따라 쓰세요.
(Por favor, escreva a seguintes palavras na ordem correta.)

| | | | | | | | | |
|---|---|---|---|---|---|---|---|---|
| 집 Casa | 집 | | | | | | | |
| 학교 Escola | 학 | 교 | | | | | | |
| 백화점 Shopping center | 백 | 화 | 점 | | | | | |
| 우체국 Correio | 우 | 체 | 국 | | | | | |
| 약국 Farmácia | 약 | 국 | | | | | | |

# 장소 [Local]

월 일

■ 다음을 쓰는 순서에 맞게 따라 쓰세요.
(Por favor, escreva a seguintes palavras na ordem correta.)

| | | | | | | | | |
|---|---|---|---|---|---|---|---|---|
| 시장 Mercado | 시 | 장 | | | | | | |
| | | | | | | | | |
| 식당 Restaurantes | 식 | 당 | | | | | | |
| | | | | | | | | |
| 슈퍼마켓 Supermercado | 슈 | 퍼 | 마 | 켓 | | | | |
| | | | | | | | | |
| 서점 Livraria | 서 | 점 | | | | | | |
| | | | | | | | | |
| 공원 Parque | 공 | 원 | | | | | | |
| | | | | | | | | |

# 장소 [Local]

월 일

■ 다음을 쓰는 순서에 맞게 따라 쓰세요.
(Por favor, escreva a seguintes palavras na ordem correta.)

| | | | | | | | | |
|---|---|---|---|---|---|---|---|---|
| 은행 Banco | 은 | 행 | | | | | | |
| | | | | | | | | |
| 병원 Hospital | 병 | 원 | | | | | | |
| | | | | | | | | |
| 문구점 Papelaria | 문 | 구 | 점 | | | | | |
| | | | | | | | | |
| 미용실 Salões de beleza | 미 | 용 | 실 | | | | | |
| | | | | | | | | |
| 극장 Teatro | 극 | 장 | | | | | | |
| | | | | | | | | |

# 계절, 날씨 [Estação do ano, Clima]

월 일

■ 다음을 쓰는 순서에 맞게 따라 쓰세요.
(Por favor, escreva a seguintes palavras na ordem correta.)

| | | | | | | | | |
|---|---|---|---|---|---|---|---|---|
| 봄 Primavera | 봄 | | | | | | | |
| 여름 Verão | 여 | 름 | | | | | | |
| 가을 Outono | 가 | 을 | | | | | | |
| 겨울 Inverno | 겨 | 울 | | | | | | |
| 맑다 Claro | 맑 | 다 | | | | | | |

# 계절, 날씨 [Estação do ano, Clima]

월 일

■ 다음을 쓰는 순서에 맞게 따라 쓰세요.
(Por favor, escreva a seguintes palavras na ordem correta.)

| | | | | | | | | |
|---|---|---|---|---|---|---|---|---|
| 흐리다 Nublado | 흐 | 리 | 다 | | | | | |
| 바람이 분다 Ventando | 바 | 람 | 이 | | 분 | 다 | | |
| 비가 온다 Chovendo | 비 | 가 | | 온 | 다 | | | |
| 비가 그친다 A chuva está parando | 비 | 가 | | 그 | 친 | 다 | | |
| 눈이 온다 Nevando | 눈 | 이 | | 온 | 다 | | | |

# 계절, 날씨 [Estação do ano, Clima]

월 일

■ 다음을 쓰는 순서에 맞게 따라 쓰세요.
(Por favor, escreva a seguintes palavras na ordem correta.)

| | | | | | | | | |
|---|---|---|---|---|---|---|---|---|
| 구름이 낀다 Estánublado | 구 | 름 | 이 | | 낀 | 다 | | |
| 덥다 Calor | 덥 | 다 | | | | | | |
| 춥다 Frio | 춥 | 다 | | | | | | |
| 따뜻하다 Qente | 따 | 뜻 | 하 | 다 | | | | |
| 시원하다 Fresco | 시 | 원 | 하 | 다 | | | | |

# 집 안의 사물 [Objeto na casa]

월 일

■ 다음을 쓰는 순서에 맞게 따라 쓰세요.
(Por favor, escreva a seguintes palavras na ordem correta.)

| | | | | | | | | |
|---|---|---|---|---|---|---|---|---|
| 소파 Sofá | 소 | 파 | | | | | | |
| | | | | | | | | |
| 욕조 Banheira | 욕 | 조 | | | | | | |
| | | | | | | | | |
| 거울 Espelho | 거 | 울 | | | | | | |
| | | | | | | | | |
| 샤워기 Chuveiro | 샤 | 워 | 기 | | | | | |
| | | | | | | | | |
| 변기 Vaso sanitário | 변 | 기 | | | | | | |
| | | | | | | | | |

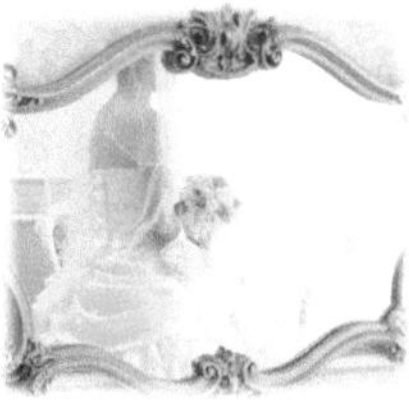

# 집 안의 사물 [Objeto na casa]

월 일

■ 다음을 쓰는 순서에 맞게 따라 쓰세요.
(Por favor, escreva a seguintes palavras na ordem correta.)

| | | | | | | | | |
|---|---|---|---|---|---|---|---|---|
| 싱크대 Pia | 싱 | 크 | 대 | | | | | |
| | | | | | | | | |
| 부엌 Cozinha | 부 | 엌 | | | | | | |
| | | | | | | | | |
| 거실 Sala de estar | 거 | 실 | | | | | | |
| | | | | | | | | |
| 안방 Quarto principal | 안 | 방 | | | | | | |
| | | | | | | | | |
| 옷장 Armário/Guarda-roupas | 옷 | 장 | | | | | | |
| | | | | | | | | |

# 집 안의 사물 [Objeto na casa]

월 일

■ 다음을 쓰는 순서에 맞게 따라 쓰세요.
(Por favor, escreva a seguintes palavras na ordem correta.)

화장대 Penteadeira

| 화 | 장 | 대 | | | | | |
|---|---|---|---|---|---|---|---|
| | | | | | | | |

식탁 Mesa

| 식 | 탁 | | | | | | |
|---|---|---|---|---|---|---|---|
| | | | | | | | |

책장 Estante

| 책 | 장 | | | | | | |
|---|---|---|---|---|---|---|---|
| | | | | | | | |

작은방 Quarto

| 작 | 은 | 방 | | | | | |
|---|---|---|---|---|---|---|---|
| | | | | | | | |

침대 Cama

| 침 | 대 | | | | | | |
|---|---|---|---|---|---|---|---|
| | | | | | | | |

11

# 가족 명칭 [Família]

월 일

■ 다음을 쓰는 순서에 맞게 따라 쓰세요.
(Por favor, escreva a seguintes palavras na ordem correta.)

| | | | | | | | | |
|---|---|---|---|---|---|---|---|---|
| 할머니 Avó | 할 | 머 | 니 | | | | | |
| 할아버지 Avô | 할 | 아 | 버 | 지 | | | | |
| 아버지 Pai | 아 | 버 | 지 | | | | | |
| 어머니 Mãe | 어 | 머 | 니 | | | | | |
| 오빠 Irmão mais velho | 오 | 빠 | | | | | | |

# 가족 명칭 [Família]

월 일

■ 다음을 쓰는 순서에 맞게 따라 쓰세요.
(Por favor, escreva a seguintes palavras na ordem correta.)

형 Irmão mais velho

나 Eu

남동생 Irmão mais novo

여동생 Irmã mais nova

언니 Irmã mais velha

| | | | | | | | |
|---|---|---|---|---|---|---|---|
| 형 | | | | | | | |
| | | | | | | | |
| 나 | | | | | | | |
| | | | | | | | |
| 남 | 동 | 생 | | | | | |
| | | | | | | | |
| 여 | 동 | 생 | | | | | |
| | | | | | | | |
| 언 | 니 | | | | | | |
| | | | | | | | |

# 가족 명칭 [Família]

월 일

■ 다음을 쓰는 순서에 맞게 따라 쓰세요.
(Por favor, escreva a seguintes palavras na ordem correta.)

| | | | | | | | | |
|---|---|---|---|---|---|---|---|---|
| 누나 Irmã mais velha | 누 | 나 | | | | | | |
| 삼촌 Tio | 삼 | 촌 | | | | | | |
| 고모 Tia | 고 | 모 | | | | | | |
| 이모 Tia | 이 | 모 | | | | | | |
| 이모부 Tio | 이 | 모 | 부 | | | | | |

# 12 학용품 [Material escolar]

월 일

■ 다음을 쓰는 순서에 맞게 따라 쓰세요.
(Por favor, escreva a seguintes palavras na ordem correta.)

| | | | | | | | | |
|---|---|---|---|---|---|---|---|---|
| **공책** Caderno | 공 | 책 | | | | | | |
| | | | | | | | | |
| **스케치북** Caderno de desenho | 스 | 케 | 치 | 북 | | | | |
| | | | | | | | | |
| **색연필** Lápis de cor | 색 | 연 | 필 | | | | | |
| | | | | | | | | |
| **가위** Tesoura | 가 | 위 | | | | | | |
| | | | | | | | | |
| **풀** Cola | 풀 | | | | | | | |
| | | | | | | | | |

# 학용품 [Material escolar]

월 일

■ 다음을 쓰는 순서에 맞게 따라 쓰세요.
(Por favor, escreva a seguintes palavras na ordem correta.)

| | | | | | | | | |
|---|---|---|---|---|---|---|---|---|
| 일기장 Diário | 일 | 기 | 장 | | | | | |
| | | | | | | | | |
| 연필 Lápis | 연 | 필 | | | | | | |
| | | | | | | | | |
| 칼 Faca | 칼 | | | | | | | |
| | | | | | | | | |
| 물감 Tinta | 물 | 감 | | | | | | |
| | | | | | | | | |
| 자 Régua | 자 | | | | | | | |
| | | | | | | | | |

# 학용품 [Material escolar]

월 일

■ 다음을 쓰는 순서에 맞게 따라 쓰세요.
(Por favor, escreva a seguintes palavras na ordem correta.)

| | | | | | | | | |
|---|---|---|---|---|---|---|---|---|
| 색종이 Papel colorido | 색 | 종 | 이 | | | | | |
| 사인펜 Canetinha | 사 | 인 | 펜 | | | | | |
| 크레파스 Giz de cera | 크 | 레 | 파 | 스 | | | | |
| 붓 Pincel | 붓 | | | | | | | |
| 지우개 Borracha | 지 | 우 | 개 | | | | | |

# 꽃 [Flor]

월 일

■ 다음을 쓰는 순서에 맞게 따라 쓰세요.
(Por favor, escreva a seguintes palavras na ordem correta.)

| | | | | | | | | |
|---|---|---|---|---|---|---|---|---|
| 장미 Rosa | 장 | 미 | | | | | | |
| | | | | | | | | |
| 진달래 Azálea | 진 | 달 | 래 | | | | | |
| | | | | | | | | |
| 민들레 Dentes-de-leão | 민 | 들 | 레 | | | | | |
| | | | | | | | | |
| 나팔꽃 Ipomeias | 나 | 팔 | 꽃 | | | | | |
| | | | | | | | | |
| 맨드라미 Cristas de galo | 맨 | 드 | 라 | 미 | | | | |
| | | | | | | | | |

# 꽃 [Flor]

월 일

■ 다음을 쓰는 순서에 맞게 따라 쓰세요.
(Por favor, escreva a seguintes palavras na ordem correta.)

| | | | | | | | | |
|---|---|---|---|---|---|---|---|---|
| 개나리 Forsítia | 개 | 나 | 리 | | | | | |
| 벚꽃 Flores de cerejeira | 벚 | 꽃 | | | | | | |
| 채송화 Chaparral | 채 | 송 | 화 | | | | | |
| 국화 Crisântemo | 국 | 화 | | | | | | |
| 무궁화 Rosa de Sharon | 무 | 궁 | 화 | | | | | |

# 꽃 [Flor]

월 일

■ 다음을 쓰는 순서에 맞게 따라 쓰세요.
(Por favor, escreva a seguintes palavras na ordem correta.)

| | | | | | | | | |
|---|---|---|---|---|---|---|---|---|
| 튤립 Tulipa | 튤 | 립 | | | | | | |
| 봉숭아 Balsamina | 봉 | 숭 | 아 | | | | | |
| 해바라기 Girassol | 해 | 바 | 라 | 기 | | | | |
| 카네이션 Cravo | 카 | 네 | 이 | 션 | | | | |
| 코스모스 Cosmos | 코 | 스 | 모 | 스 | | | | |

# 나라 이름 [Nome de país]

월 일

■ 다음을 쓰는 순서에 맞게 따라 쓰세요.
(Por favor, escreva a seguintes palavras na ordem correta.)

| | | | | | | | | |
|---|---|---|---|---|---|---|---|---|
| 한국 Coreia | 한 | 국 | | | | | | |
| 필리핀 Filipinas | 필 | 리 | 핀 | | | | | |
| 일본 Japão | 일 | 본 | | | | | | |
| 캄보디아 Camboja | 캄 | 보 | 디 | 아 | | | | |
| 아프가니스탄 Afeganistão | 아 | 프 | 가 | 니 | 스 | 탄 | | |

# 나라 이름 [Nome de país]

월 일

■ 다음을 쓰는 순서에 맞게 따라 쓰세요.
(Por favor, escreva a seguintes palavras na ordem correta.)

| | | | | | | | | |
|---|---|---|---|---|---|---|---|---|
| 중국 China | 중 | 국 | | | | | | |
| 태국 Tailândia | 태 | 국 | | | | | | |
| 베트남 Vietnã | 베 | 트 | 남 | | | | | |
| 인도 Índia | 인 | 도 | | | | | | |
| 영국 Reino Unido | 영 | 국 | | | | | | |

# 나라 이름 [Nome de país]

월 일

■ 다음을 쓰는 순서에 맞게 따라 쓰세요.
(Por favor, escreva a seguintes palavras na ordem correta.)

| | | | | | | | | |
|---|---|---|---|---|---|---|---|---|
| 미국<br>EUA(Estados Unidos da América) | 미 | 국 | | | | | | |
| 몽골 Mongólia | 몽 | 골 | | | | | | |
| 우즈베키스탄<br>Uzbequistão | 우 | 즈 | 베 | 키 | 스 | 탄 | | |
| 러시아 Rússia | 러 | 시 | 아 | | | | | |
| 캐나다 Canadá | 캐 | 나 | 다 | | | | | |

# 악기 [Instrumento musical]

월 일

■ 다음을 쓰는 순서에 맞게 따라 쓰세요.
(Por favor, escreva a seguintes palavras na ordem correta.)

| | | | | | | | | |
|---|---|---|---|---|---|---|---|---|
| 기타 Violão | 기 | 타 | | | | | | |
| 북 Tambor | 북 | | | | | | | |
| 트라이앵글 Triângulo | 트 | 라 | 이 | 앵 | 글 | | | |
| 하모니카 Gaita | 하 | 모 | 니 | 카 | | | | |
| 징 Gongo | 징 | | | | | | | |

15

# 악기 [Instrumento musical]

월 일

■ 다음을 쓰는 순서에 맞게 따라 쓰세요.
(Por favor, escreva a seguintes palavras na ordem correta.)

| | | | | | | | | |
|---|---|---|---|---|---|---|---|---|
| 피아노 Piano | 피 | 아 | 노 | | | | | |
| 탬버린 Pandeiro | 탬 | 버 | 린 | | | | | |
| 나팔 Trompete | 나 | 팔 | | | | | | |
| 장구 Janggu | 장 | 구 | | | | | | |
| 소고 Sogo | 소 | 고 | | | | | | |

# 악기 [Instrumento musical]

월 일

■ 다음을 쓰는 순서에 맞게 따라 쓰세요.
(Por favor, escreva a seguintes palavras na ordem correta.)

| | | | | | | | | |
|---|---|---|---|---|---|---|---|---|
| 피리 Flauta | 피 | 리 | | | | | | |
| 실로폰 Xilofone | 실 | 로 | 폰 | | | | | |
| 바이올린 Violino | 바 | 이 | 올 | 린 | | | | |
| 꽹과리 címbalo | 꽹 | 과 | 리 | | | | | |
| 가야금 gayageum | 가 | 야 | 금 | | | | | |

16

월 일

■ 다음을 쓰는 순서에 맞게 따라 쓰세요.
(Por favor, escreva a seguintes palavras na ordem correta.)

| | | | | | | | | |
|---|---|---|---|---|---|---|---|---|
| **티셔츠** camisetas | 티 | 셔 | 츠 | | | | | |
| **바지** calças | 바 | 지 | | | | | | |
| **점퍼** suéteres | 점 | 퍼 | | | | | | |
| **정장** ternos | 정 | 장 | | | | | | |
| **와이셔츠** camisas sociais | 와 | 이 | 셔 | 츠 | | | | |

# 옷 [Roupa]

월 일

■ 다음을 쓰는 순서에 맞게 따라 쓰세요.
(Por favor, escreva a seguintes palavras na ordem correta.)

| | | | | | | | | |
|---|---|---|---|---|---|---|---|---|
| **반바지** Bermuda | 반 | 바 | 지 | | | | | |
| **코트** Casaco | 코 | 트 | | | | | | |
| **교복** Uniforme escolar | 교 | 복 | | | | | | |
| **블라우스** Blusa | 블 | 라 | 우 | 스 | | | | |
| **청바지** Calça jeans | 청 | 바 | 지 | | | | | |

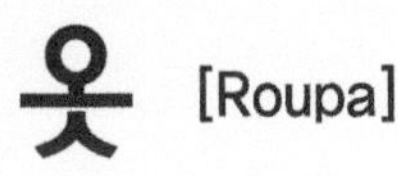

## 16 옷 [Roupa]

월 일

■ 다음을 쓰는 순서에 맞게 따라 쓰세요.
(Por favor, escreva a seguintes palavras na ordem correta.)

| | | | | | | | | |
|---|---|---|---|---|---|---|---|---|
| 양복 Terno | 양 | 복 | | | | | | |
| | | | | | | | | |
| 작업복 Uniforme de trabalho | 작 | 업 | 복 | | | | | |
| | | | | | | | | |
| 스웨터 Suéter | 스 | 웨 | 터 | | | | | |
| | | | | | | | | |
| 치마 Saia | 치 | 마 | | | | | | |
| | | | | | | | | |
| 한복 Hanbok | 한 | 복 | | | | | | |
| | | | | | | | | |

17

# 색깔 [Cor]

월 일

■ 다음을 쓰는 순서에 맞게 따라 쓰세요.
(Por favor, escreva a seguintes palavras na ordem correta.)

| | | | | | | | | |
|---|---|---|---|---|---|---|---|---|
| 빨간색 Vermelho | 빨 | 간 | 색 | | | | | |
| 주황색 Laranja | 주 | 황 | 색 | | | | | |
| 초록색 Verde | 초 | 록 | 색 | | | | | |
| 노란색 Amarelo | 노 | 란 | 색 | | | | | |
| 파란색 Azul | 파 | 란 | 색 | | | | | |

# 색깔 [Cor]

월 일

■ 다음을 쓰는 순서에 맞게 따라 쓰세요.
(Por favor, escreva a seguintes palavras na ordem correta.)

| | | | | | | | | |
|---|---|---|---|---|---|---|---|---|
| 보라색 Roxo | 보 | 라 | 색 | | | | | |
| 분홍색 Rosa | 분 | 홍 | 색 | | | | | |
| 하늘색 Azul claro | 하 | 늘 | 색 | | | | | |
| 갈색 Marrom | 갈 | 색 | | | | | | |
| 검은색 Preto | 검 | 은 | 색 | | | | | |

# 취미 [Hobbie]

월 일

■ 다음을 쓰는 순서에 맞게 따라 쓰세요.
(Por favor, escreva a seguintes palavras na ordem correta.)

| | | | | | | | | |
|---|---|---|---|---|---|---|---|---|
| 요리 Cozinhar | 요 | 리 | | | | | | |
| 노래 Cantar | 노 | 래 | | | | | | |
| 등산 Trilha na montanha | 등 | 산 | | | | | | |
| 영화감상 Assistir filmes | 영 | 화 | 감 | 상 | | | | |
| 낚시 Pescar | 낚 | 시 | | | | | | |

# 취미 [Hobbie]

월 일

■ 다음을 쓰는 순서에 맞게 따라 쓰세요.
(Por favor, escreva a seguintes palavras na ordem correta.)

| | | | | | | | | |
|---|---|---|---|---|---|---|---|---|
| 음악감상 Ouvir música | 음 | 악 | 감 | 상 | | | | |
| | | | | | | | | |
| 게임 Jogos | 게 | 임 | | | | | | |
| | | | | | | | | |
| 드라이브 Dirigir | 드 | 라 | 이 | 브 | | | | |
| | | | | | | | | |
| 여행 Viajar | 여 | 행 | | | | | | |
| | | | | | | | | |
| 독서 Ler | 독 | 서 | | | | | | |
| | | | | | | | | |

# 취미 [Hobbie]

월 일

■ 다음을 쓰는 순서에 맞게 따라 쓰세요.
(Por favor, escreva a seguintes palavras na ordem correta.)

| | | | | | | | | |
|---|---|---|---|---|---|---|---|---|
| 쇼핑 Compras | 쇼 | 핑 | | | | | | |
| 운동 Exercícios | 운 | 동 | | | | | | |
| 수영 Natação | 수 | 영 | | | | | | |
| 사진촬영 Fotografia | 사 | 진 | 촬 | 영 | | | | |
| 악기연주 Tocar instrumentos musicais | 악 | 기 | 연 | 주 | | | | |

# 운동 [Exercício]

월 일

■ 다음을 쓰는 순서에 맞게 따라 쓰세요.
(Por favor, escreva a seguintes palavras na ordem correta.)

| | | | | | | | | |
|---|---|---|---|---|---|---|---|---|
| **야구** Beisebol | 야 | 구 | | | | | | |
| **배구** Vôlei | 배 | 구 | | | | | | |
| **축구** Futebol | 축 | 구 | | | | | | |
| **탁구** Tênis de mesa | 탁 | 구 | | | | | | |
| **농구** Basquete | 농 | 구 | | | | | | |

# 19 운동 [Exercício]

월 일

■ 다음을 쓰는 순서에 맞게 따라 쓰세요.
(Por favor, escreva a seguintes palavras na ordem correta.)

| | | | | | | | | |
|---|---|---|---|---|---|---|---|---|
| 골프 Golfe | 골 | 프 | | | | | | |
| 스키 Esqui | 스 | 키 | | | | | | |
| 수영 Natação | 수 | 영 | | | | | | |
| 권투 Boxe | 권 | 투 | | | | | | |
| 씨름 Luta livre coreana | 씨 | 름 | | | | | | |

# 운동 [Exercício]

월 일

■ 다음을 쓰는 순서에 맞게 따라 쓰세요.
(Por favor, escreva a seguintes palavras na ordem correta.)

| | | | | | | | | |
|---|---|---|---|---|---|---|---|---|
| **테니스** Tênis | 테 | 니 | 스 | | | | | |
| **레슬링** Luta livre | 레 | 슬 | 링 | | | | | |
| **태권도** Taekwondo | 태 | 권 | 도 | | | | | |
| **배드민턴** Badminton | 배 | 드 | 민 | 턴 | | | | |
| **스케이트** Patinação | 스 | 케 | 이 | 트 | | | | |

# 20 움직임 말(1)

## [Palavras de movimento (1)]

월 일

■ 다음을 쓰는 순서에 맞게 따라 쓰세요.
(Por favor, escreva a seguintes palavras na ordem correta.)

| | | | | | | | | |
|---|---|---|---|---|---|---|---|---|
| 가다 Ir | 가 | 다 | | | | | | |
| | | | | | | | | |
| 오다 Vir | 오 | 다 | | | | | | |
| | | | | | | | | |
| 먹다 Comer | 먹 | 다 | | | | | | |
| | | | | | | | | |
| 사다 Comprar | 사 | 다 | | | | | | |
| | | | | | | | | |
| 읽다 Ler | 읽 | 다 | | | | | | |
| | | | | | | | | |

# 움직임 말(1)

[Palavras de movimento (1)]

월 일

■ 다음을 쓰는 순서에 맞게 따라 쓰세요.
(Por favor, escreva a seguintes palavras na ordem correta.)

| | | | | | | | | |
|---|---|---|---|---|---|---|---|---|
| 씻다 Lavar | 씻 | 다 | | | | | | |
| | | | | | | | | |
| 자다 Dormir | 자 | 다 | | | | | | |
| | | | | | | | | |
| 보다 Ver | 보 | 다 | | | | | | |
| | | | | | | | | |
| 일하다 Trabalhar | 일 | 하 | 다 | | | | | |
| | | | | | | | | |
| 만나다 Encontrar | 만 | 나 | 다 | | | | | |
| | | | | | | | | |

# 움직임 말(1)

[Palavras de movimento (1)]

월 일

■ 다음을 쓰는 순서에 맞게 따라 쓰세요.
(Por favor, escreva a seguintes palavras na ordem correta.)

| | | | | | | | | |
|---|---|---|---|---|---|---|---|---|
| 마시다 Beber | 마 | 시 | 다 | | | | | |
| 빨래하다 Lavar roupa | 빨 | 래 | 하 | 다 | | | | |
| 청소하다 Limpar | 청 | 소 | 하 | 다 | | | | |
| 요리하다 Cozinhar | 요 | 리 | 하 | 다 | | | | |
| 공부하다 Estudar | 공 | 부 | 하 | 다 | | | | |

# 21 움직임 말(2)

[Palavras de movimento (2)]

월 일

■ 다음을 쓰는 순서에 맞게 따라 쓰세요.
(Por favor, escreva a seguintes palavras na ordem correta.)

| | | | | | | | | |
|---|---|---|---|---|---|---|---|---|
| 공을 차다 Chutar bola | 공 | 을 | | 차 | 다 | | | |
| | | | | | | | | |
| 이를 닦다 Escovar os dentes | 이 | 를 | | 닦 | 다 | | | |
| | | | | | | | | |
| 목욕을 하다 Tomar banho | 목 | 욕 | 을 | | 하 | 다 | | |
| | | | | | | | | |
| 세수를 하다 Lavar o rosto | 세 | 수 | 를 | | 하 | 다 | | |
| | | | | | | | | |
| 등산을 하다 Fazer caminhada na montanha | 등 | 산 | 을 | | 하 | 다 | | |
| | | | | | | | | |

# 움직임 말(2)

[Palavras de movimento (2)]

월 일

■ 다음을 쓰는 순서에 맞게 따라 쓰세요.
(Por favor, escreva a seguintes palavras na ordem correta.)

|  | | | | | | | | |
|---|---|---|---|---|---|---|---|---|
| 머리를 감다<br>Laver o cabelo | 머 | 리 | 를 | | 감 | 다 | | |
| 영화를 보다<br>Assistir a um filme | 영 | 화 | 를 | | 보 | 다 | | |
| 공원에 가다 Ir ao parque | 공 | 원 | 에 | | 가 | 다 | | |
| 여행을 하다 Viajar | 여 | 행 | 을 | | 하 | 다 | | |
| 산책을 하다 Passear | 산 | 책 | 을 | | 하 | 다 | | |

# 21 움직임 말(2)

## [Palavras de movimento (2)]

월 일

■ 다음을 쓰는 순서에 맞게 따라 쓰세요.
(Por favor, escreva a seguintes palavras na ordem correta.)

| | | | | | | | | |
|---|---|---|---|---|---|---|---|---|
| 수영을 하다 Nadar | 수 | 영 | 을 | | 하 | 다 | | |
| 쇼핑을 하다 Fazer compras | 쇼 | 핑 | 을 | | 하 | 다 | | |
| 사진을 찍다 Tirar fotos | 사 | 진 | 을 | | 찍 | 다 | | |
| 샤워를 하다 Tomar banho | 샤 | 워 | 를 | | 하 | 다 | | |
| 이야기를 하다 Conversar | 이 | 야 | 기 | 를 | | 하 | 다 | |

# 22 움직임 말(3)

[Palavras de movimento (3)]

월 일

■ 다음을 쓰는 순서에 맞게 따라 쓰세요.
(Por favor, escreva a seguintes palavras na ordem correta.)

| | | | | | | | | |
|---|---|---|---|---|---|---|---|---|
| 놀다 Brincar | 놀 | 다 | | | | | | |
| 자다 Dormir | 자 | 다 | | | | | | |
| 쉬다 Descansar | 쉬 | 다 | | | | | | |
| 쓰다 Escrever | 쓰 | 다 | | | | | | |
| 듣다 Ouvir | 듣 | 다 | | | | | | |

# 움직임 말(3)

[Palavras de movimento (3)]

월 일

■ 다음을 쓰는 순서에 맞게 따라 쓰세요.
(Por favor, escreva a seguintes palavras na ordem correta.)

**닫다** Fechar

| 닫 | 다 | | | | | | |
|---|---|---|---|---|---|---|---|
| | | | | | | | |

**켜다** Ligar

| 켜 | 다 | | | | | | |
|---|---|---|---|---|---|---|---|
| | | | | | | | |

**서다** Levantar

| 서 | 다 | | | | | | |
|---|---|---|---|---|---|---|---|
| | | | | | | | |

**앉다** Sentar

| 앉 | 다 | | | | | | |
|---|---|---|---|---|---|---|---|
| | | | | | | | |

**끄다** Desligar

| 끄 | 다 | | | | | | |
|---|---|---|---|---|---|---|---|
| | | | | | | | |

# 22 움직임 말(3)

## [Palavras de movimento (3)]

월 일

■ 다음을 쓰는 순서에 맞게 따라 쓰세요.
(Por favor, escreva a seguintes palavras na ordem correta.)

|  | | | | | | | | |
|---|---|---|---|---|---|---|---|---|
| 열다 Abrir | 열 | 다 | | | | | | |
| 나오다 Sair | 나 | 오 | 다 | | | | | |
| 배우다 Aprender | 배 | 우 | 다 | | | | | |
| 들어가다 Entrar | 들 | 어 | 가 | 다 | | | | |
| 가르치다 Ensinar | 가 | 르 | 치 | 다 | | | | |

# 22 움직임 말(3)

[Palavras de movimento (3)]

월 일

■ 다음을 쓰는 순서에 맞게 따라 쓰세요.
(Por favor, escreva a seguintes palavras na ordem correta.)

부르다 Chamar

| 부 | 르 | 다 | | | | | |
|---|---|---|---|---|---|---|---|
| | | | | | | | |

달리다 Correr

| 달 | 리 | 다 | | | | | |
|---|---|---|---|---|---|---|---|
| | | | | | | | |

기다 Engatinhar

| 기 | 다 | | | | | | |
|---|---|---|---|---|---|---|---|
| | | | | | | | |

날다 Voar

| 날 | 다 | | | | | | |
|---|---|---|---|---|---|---|---|
| | | | | | | | |

긁다 Coçar

| 긁 | 다 | | | | | | |
|---|---|---|---|---|---|---|---|
| | | | | | | | |

# 움직임 말(3)

## [Palavras de movimento (3)]

월 일

■ 다음을 쓰는 순서에 맞게 따라 쓰세요.
(Por favor, escreva a seguintes palavras na ordem correta.)

| | | | | | | | | |
|---|---|---|---|---|---|---|---|---|
| **찍다** Tirar | 찍 | 다 | | | | | | |
| **벌리다** Abrir | 벌 | 리 | 다 | | | | | |
| **키우다** Criar | 키 | 우 | 다 | | | | | |
| **갈다** Trocar | 갈 | 다 | | | | | | |
| **닦다** Limpar | 닦 | 다 | | | | | | |

# 세는 말(단위)

## [Contagem (unidade)]

월 일

■ 다음을 쓰는 순서에 맞게 따라 쓰세요.
(Por favor, escreva a seguintes palavras na ordem correta.)

**개** Cada

| 개 | | | | | | | |
|---|---|---|---|---|---|---|---|
| | | | | | | | |

**대** Peça

| 대 | | | | | | | |
|---|---|---|---|---|---|---|---|
| | | | | | | | |

**척** Unidade de contar navios

| 척 | | | | | | | |
|---|---|---|---|---|---|---|---|
| | | | | | | | |

**송이** Cacho

| 송 | 이 | | | | | | |
|---|---|---|---|---|---|---|---|
| | | | | | | | |

**그루** Restolhar

| 그 | 루 | | | | | | |
|---|---|---|---|---|---|---|---|
| | | | | | | | |

# 23 세는 말(단위)

## [Contagem (unidade)]

월 일

■ 다음을 쓰는 순서에 맞게 따라 쓰세요.
(Por favor, escreva a seguintes palavras na ordem correta.)

| | | | | | | | | |
|---|---|---|---|---|---|---|---|---|
| 상자 Caixa | 상 | 자 | | | | | | |
| | | | | | | | | |
| 봉지 Sacola | 봉 | 지 | | | | | | |
| | | | | | | | | |
| 장 Folha | 장 | | | | | | | |
| | | | | | | | | |
| 병 Garrafa | 병 | | | | | | | |
| | | | | | | | | |
| 자루 Saco | 자 | 루 | | | | | | |
| | | | | | | | | |

# 세는 말(단위)

## [Contagem (unidade)]

월 일

■ 다음을 쓰는 순서에 맞게 따라 쓰세요.
(Por favor, escreva a seguintes palavras na ordem correta.)

벌
Unidade para contar peça de roupas

켤레 Par

벌
Unidade para contar livros

마리
Unidade para contar animais

잔 Taça

| | | | | | | | |
|---|---|---|---|---|---|---|---|
| 벌 | | | | | | | |
| | | | | | | | |
| 켤 | 레 | | | | | | |
| | | | | | | | |
| 권 | | | | | | | |
| | | | | | | | |
| 마 | 리 | | | | | | |
| | | | | | | | |
| 잔 | | | | | | | |
| | | | | | | | |

# 23 세는 말(단위)

## [Contagem (unidade)]

월 일

■ 다음을 쓰는 순서에 맞게 따라 쓰세요.
(Por favor, escreva a seguintes palavras na ordem correta.)

| | | | | | | | | |
|---|---|---|---|---|---|---|---|---|
| 채 Unidade para contar casas e edifícios | 채 | | | | | | | |
| | | | | | | | | |
| 명 Unidade para contar pessoas | 명 | | | | | | | |
| | | | | | | | | |
| 통 Unidade para contagem de barril | 통 | | | | | | | |
| | | | | | | | | |
| 가마 Unidade para contagem de grãos, sal, etc. | 가 | 마 | | | | | | |
| | | | | | | | | |
| 첩 Unidade para contagem de pacotes de remédios embrulhados | 첩 | | | | | | | |
| | | | | | | | | |

# 꾸미는 말(1)

[Palavras decorativas (1)]

월 일

■ 다음을 쓰는 순서에 맞게 따라 쓰세요.
(Por favor, escreva a seguintes palavras na ordem correta.)

| | | | | | | | | |
|---|---|---|---|---|---|---|---|---|
| **많다** Muito | 많 | 다 | | | | | | |
| **적다** Pouco | 적 | 다 | | | | | | |
| **크다** Grandes | 크 | 다 | | | | | | |
| **작다** Pequeno | 작 | 다 | | | | | | |
| **비싸다** Caro | 비 | 싸 | 다 | | | | | |

# 24 꾸미는 말(1)

[Palavras decorativas (1)]

월 일

■ 다음을 쓰는 순서에 맞게 따라 쓰세요.
(Por favor, escreva a seguintes palavras na ordem correta.)

| | | | | | | | | |
|---|---|---|---|---|---|---|---|---|
| 싸다 Barato | 싸 | 다 | | | | | | |
| 길다 Comprido | 길 | 다 | | | | | | |
| 짧다 Curto | 짧 | 다 | | | | | | |
| 빠르다 Rápido | 빠 | 르 | 다 | | | | | |
| 느리다 Lento | 느 | 리 | 다 | | | | | |

# 24 꾸미는 말(1)

[Palavras decorativas (1)]

월 일

■ 다음을 쓰는 순서에 맞게 따라 쓰세요.
(Por favor, escreva a seguintes palavras na ordem correta.)

| | | | | | | | | |
|---|---|---|---|---|---|---|---|---|
| 굵다 Grosso | 굵 | 다 | | | | | | |
| 가늘다 Fino | 가 | 늘 | 다 | | | | | |
| 밝다 Claro | 밝 | 다 | | | | | | |
| 어둡다 Escuro | 어 | 둡 | 다 | | | | | |
| 좋다 Bom | 좋 | 다 | | | | | | |

# 꾸미는 말(2)

[Palavras decorativas (2)]

월 일

■ 다음을 쓰는 순서에 맞게 따라 쓰세요.
(Por favor, escreva a seguintes palavras na ordem correta.)

| | | | | | | | | |
|---|---|---|---|---|---|---|---|---|
| 맵다 Picante | 맵 | 다 | | | | | | |
| 시다 Azedo | 시 | 다 | | | | | | |
| 가볍다 Leve | 가 | 볍 | 다 | | | | | |
| 좁다 Estreito | 좁 | 다 | | | | | | |
| 따뜻하다 Quente | 따 | 뜻 | 하 | 다 | | | | |

# 꾸미는 말(2)

**[Palavras decorativas (2)]**

월 일

■ 다음을 쓰는 순서에 맞게 따라 쓰세요.
(Por favor, escreva a seguintes palavras na ordem correta.)

| | | | | | | | | |
|---|---|---|---|---|---|---|---|---|
| **짜다** Salgado | 짜 | 다 | | | | | | |
| **쓰다** Amargo | 쓰 | 다 | | | | | | |
| **무겁다** Pesado | 무 | 겁 | 다 | | | | | |
| **깊다** Profundo | 깊 | 다 | | | | | | |
| **차갑다** Frio | 차 | 갑 | 다 | | | | | |

# 25 꾸미는 말(2)

[Palavras decorativas (2)]

월 일

■ 다음을 쓰는 순서에 맞게 따라 쓰세요.
(Por favor, escreva a seguintes palavras na ordem correta.)

| | | | | | | | | |
|---|---|---|---|---|---|---|---|---|
| **달다** Doce | 달 | 다 | | | | | | |
| **싱겁다** Sem sal | 싱 | 겁 | 다 | | | | | |
| **넓다** Ampla | 넓 | 다 | | | | | | |
| **얕다** Superficial | 얕 | 다 | | | | | | |
| **귀엽다** Fofa | 귀 | 엽 | 다 | | | | | |

# 기분을 나타내는 말

## [Palavras que expressam sentimentos]

월 일

■ 다음을 쓰는 순서에 맞게 따라 쓰세요.
(Por favor, escreva a seguintes palavras na ordem correta.)

| | | | | | | | | |
|---|---|---|---|---|---|---|---|---|
| 기쁘다 Feliz | 기 | 쁘 | 다 | | | | | |
| 슬프다 Triste | 슬 | 프 | 다 | | | | | |
| 화나다 Bravo | 화 | 나 | 다 | | | | | |
| 놀라다 Surpreso | 놀 | 라 | 다 | | | | | |
| 곤란하다 Perturbado | 곤 | 란 | 하 | 다 | | | | |

# 26 기분을 나타내는 말

[Palavras que expressam sentimentos]

월 일

■ 다음을 쓰는 순서에 맞게 따라 쓰세요.
(Por favor, escreva a seguintes palavras na ordem correta.)

| | | | | | | | | |
|---|---|---|---|---|---|---|---|---|
| 궁금하다 Curioso | 궁 | 금 | 하 | 다 | | | | |
| | | | | | | | | |
| 지루하다 Entediado | 지 | 루 | 하 | 다 | | | | |
| | | | | | | | | |
| 부끄럽다 Envergonhado | 부 | 끄 | 럽 | 다 | | | | |
| | | | | | | | | |
| 피곤하다 Cansado | 피 | 곤 | 하 | 다 | | | | |
| | | | | | | | | |
| 신나다 Animado | 신 | 나 | 다 | | | | | |
| | | | | | | | | |

# 높임말 [Palavras honoríficas]

월 일

■ 다음을 쓰는 순서에 맞게 따라 쓰세요.
(Por favor, escreva a seguintes palavras na ordem correta.)

집 Casa → 댁 Domicílio

밥 Comida → 진지 Refeição

병 Doença → 병환 Enfermidade

말 Palavras → 말씀 palavra

나이 Idade → 연세 Anos

| | | | | | | | |
|---|---|---|---|---|---|---|---|
| 집 | | | | | | | |
| 댁 | | | | | | | |
| 밥 | | | | | | | |
| 진 | 지 | | | | | | |
| 병 | | | | | | | |
| 병 | 환 | | | | | | |
| 말 | | | | | | | |
| 말 | 씀 | | | | | | |
| 나 | 이 | | | | | | |
| 연 | 세 | | | | | | |

# 높임말 [Palavras honoríficas]

월 일

■ 다음을 쓰는 순서에 맞게 따라 쓰세요.
(Por favor, escreva a seguintes palavras na ordem correta.)

| | | | | | | | | |
|---|---|---|---|---|---|---|---|---|
| 생일 Aniversário → 생신 aniversário | 생 | 일 | | | | | | |
| | 생 | 신 | | | | | | |
| 있다 Ficar → 계시다 Ficar | 있 | 다 | | | | | | |
| | 계 | 시 | 다 | | | | | |
| 먹다 Comer → 드시다 Comer | 먹 | 다 | | | | | | |
| | 드 | 시 | 다 | | | | | |
| 자다 Dormir → 주무시다 Dormir | 자 | 다 | | | | | | |
| | 주 | 무 | 시 | 다 | | | | |
| 주다 Dar → 드리다 Oferecer | 주 | 다 | | | | | | |
| | 드 | 리 | 다 | | | | | |

# 28 소리가 같은 말(1)

## [Palavras com o mesmo som (1)]

월 일

■ 다음을 쓰는 순서에 맞게 따라 쓰세요.
(Por favor, escreva a seguintes palavras na ordem correta.)

눈 Olho (단음)

눈 Neve (장음)

발 Pé (단음)

발 Unidade para contar balas, cartuchos, flechas, etc. (장음)

밤 Noite (단음)

밤 Castanha (장음)

차 Carro (단음)

차 Chá (단음)

비 Chuva (단음)

비 Vassoura (단음)

| | | | | | |
|---|---|---|---|---|---|
| 눈 | | | | | |
| | | | | | |
| 발 | | | | | |
| | | | | | |
| 밤 | | | | | |
| | | | | | |
| 차 | | | | | |
| | | | | | |
| 비 | | | | | |
| | | | | | |

# 28 소리가 같은 말(1)

## [Palavras com o mesmo som (1)]

월 일

■ 다음을 쓰는 순서에 맞게 따라 쓰세요.
(Por favor, escreva a seguintes palavras na ordem correta.)

말 Cavalo (단음) 말 Fala (장음)

벌 Abelha (단음) 벌 Punição (장음)

상 Mesa (단음) 상 Prêmio (단음)

굴 Ostra (단음) 굴 Gruta (장음)

배 Barriga (단음) 배 Barco (단음)

| 말 | | | | | |
|---|---|---|---|---|---|
| | | | | | |
| 벌 | | | | | |
| | | | | | |
| 상 | | | | | |
| | | | | | |
| 굴 | | | | | |
| | | | | | |
| 배 | | | | | |
| | | | | | |

# 28 소리가 같은 말(1)

## [Palavras com o mesmo som (1)]

월 일

■ 다음을 쓰는 순서에 맞게 따라 쓰세요.
(Por favor, escreva a seguintes palavras na ordem correta.)

다리 Perna (단음) 다리 Ponte (단음)

새끼 Filhote (단음) 새끼 Corda (단음)

돌 Pedra (장음) 돌 Primeior aniversário do bebê (단음)

병 Garrafa (장음) 병 Doença (단음)

바람 Vento (단음) 바람 Desejar (단음)

| 다 | 리 | | | | |
|---|---|---|---|---|---|
| | | | | | |
| 새 | 끼 | | | | |
| | | | | | |
| 돌 | | | | | |
| | | | | | |
| 병 | | | | | |
| | | | | | |
| 바 | 람 | | | | |
| | | | | | |

# 29 소리가 같은 말(2)

## [Palavras com o mesmo som (2)]

월 일

■ 다음을 쓰는 순서에 맞게 따라 쓰세요.
(Por favor, escreva a seguintes palavras na ordem correta.)

깨다 Acordar (장음) 깨다 Quebrar (단음)

묻다 Perguntar (단음) 묻다 Enterrar (장음)

싸다 Barato (단음) 싸다 Embrulhar (단음)

세다 Contar (장음) 세다 Forte (장음)

차다 Frio (단음) 차다 Cheio (단음)

| 깨 | 다 | | | | |
|---|---|---|---|---|---|
| | | | | | |
| 묻 | 다 | | | | |
| | | | | | |
| 싸 | 다 | | | | |
| | | | | | |
| 세 | 다 | | | | |
| | | | | | |
| 차 | 다 | | | | |
| | | | | | |

# 29 소리가 같은 말(2)

[Palavras com o mesmo som (2)]

월 일

■ 다음을 쓰는 순서에 맞게 따라 쓰세요.
(Por favor, escreva a seguintes palavras na ordem correta.)

맞다 Certo (단음)  맞다 Levar pancadas (단음)

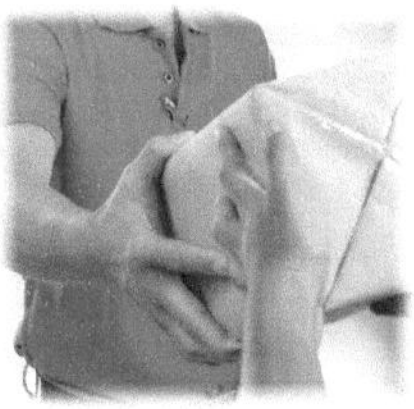

맡다 Guardar (단음)  맡다 Cheirar (단음)

쓰다 Escrever (단음)  쓰다 estar amargo (단음)

| | | | | | |
|---|---|---|---|---|---|
| 맞 | 다 | | | | |
| | | | | | |
| 맡 | 다 | | | | |
| | | | | | |
| 쓰 | 다 | | | | |
| | | | | | |
| | | | | | |
| | | | | | |
| | | | | | |
| | | | | | |

# 소리를 흉내 내는 말

[Palavras que imitam sons]

월 일

■ 다음을 쓰는 순서에 맞게 따라 쓰세요.
(Por favor, escreva a seguintes palavras na ordem correta.)

| | | | | | | | | |
|---|---|---|---|---|---|---|---|---|
| 어흥 Uh-huung | 어 | 흥 | | | | | | |
| 꿀꿀 Oinc-Oinc | 꿀 | 꿀 | | | | | | |
| 야옹 Miau | 야 | 옹 | | | | | | |
| 꼬꼬댁 Cocoricó | 꼬 | 꼬 | 댁 | | | | | |
| 꽥꽥 Quack Quack | 꽥 | 꽥 | | | | | | |

# 30 소리를 흉내 내는 말

[Palavras que imitam sons]

월 일

■ 다음을 쓰는 순서에 맞게 따라 쓰세요.
(Por favor, escreva a seguintes palavras na ordem correta.)

| | | | | | | | |
|---|---|---|---|---|---|---|---|
| **붕** Bum | 붕 | | | | | | |
| **매앰** Mae-am | 매 | 앰 | | | | | |
| **부르릉** Bumbling | 부 | 르 | 릉 | | | | |
| **딩동** Ding-dong | 딩 | 동 | | | | | |
| **빠빠** Ppappa | 빠 | 빠 | | | | | |

# 부록 Appendix

■ 안녕하세요! K-한글(www.k-hangul.kr)입니다.
**'외국인을 위한 기초 한글 배우기'** 1호 기초 편에서 다루지 못한 내용을 부록 편에 다음과 같이 **40가지 주제별로** 수록하니, 많은 이용 바랍니다.

| 번호 | 주제 | 번호 | 주제 | 번호 | 주제 |
|---|---|---|---|---|---|
| 1 | **숫자**(50개)<br>Number(s) | 16 | **인칭 대명사**(14개)<br>Personal pronouns | 31 | **물건 사기**(30개)<br>Buying Goods |
| 2 | **연도**(15개)<br>Year(s) | 17 | **지시 대명사**(10개)<br>Demonstrative pronouns | 32 | **전화하기**(21개)<br>Making a phone call |
| 3 | **월**(12개)<br>Month(s) | 18 | **의문 대명사**(10개)<br>Interrogative pronouns | 33 | **인터넷**(20개)<br>Words related to the Internet |
| 4 | **일**(31개)<br>Day(s) | 19 | **가족**(24개)<br>Words related to Family | 34 | **건강**(35개)<br>Words related to health |
| 5 | **요일**(10개)<br>Day of a week | 20 | **국적**(20개)<br>Countries | 35 | **학교**(51개)<br>Words related to school |
| 6 | **년**(20개)<br>Year(s) | 21 | **인사**(5개)<br>Phrases related to greetings | 36 | **취미**(28개)<br>Words related to hobby |
| 7 | **개월**(12개)<br>Month(s) | 22 | **작별**(5개)<br>Phrases related to bidding farewell | 37 | **여행**(35개)<br>Travel |
| 8 | **일(간), 주일(간)**(16개)<br>Counting Days | 23 | **감사**(3개)<br>Phrases related to expressing gratitude | 38 | **날씨**(27개)<br>Weather |
| 9 | **시**(20개)<br>Units of Time(hours) | 24 | **사과**(7개)<br>Phrases related to making an apology | 39 | **은행**(25개)<br>Words related to bank |
| 10 | **분**(16개)<br>Units of Time(minutes) | 25 | **요구, 부탁**(5개)<br>Phrases related to asking a favor | 40 | **우체국**(14개)<br>Words related to post office |
| 11 | **시간**(10개)<br>Hour(s) | 26 | **명령, 지시**(5개)<br>Phrases related to giving instructions | | |
| 12 | **시간사**(25개)<br>Words related to Time | 27 | **칭찬, 감탄**(7개)<br>Phrases related to compliment and admiration | | |
| 13 | **계절**(4개)<br>seasons | 28 | **환영, 축하, 기원**(10개)<br>Phrases related to welcoming, congratulating and blessing | | |
| 14 | **방위사**(14개)<br>Words related to directions | 29 | **식당**(30개)<br>Words related to Restaurant | | |
| 15 | **양사**(25개)<br>quantifier | 30 | **교통**(42개)<br>Words related to transportation | | |

| MP3 | 주제 | 단어 |
|---|---|---|
| | 1. 숫자 | 1, 2, 3, 4, 5, / 6, 7, 8, 9, 10, / 11, 12, 13, 14, 15, / 16, 17, 18, 19, 20, / 21, 22, 23, 24, 25, / 26, 27, 28, 29, 30, / 31, 40, 50, 60, 70, / 80, 90, 100, 101, 102, / 110, 120, 130, 150, 천, / 만, 십만, 백만, 천만, 억 |
| | 2. 연도 | 1999년, 2000년, 2005년, 2010년, 2015년, / 2020년, 2023년, 2024년, 2025년, 2026년, / 2030년, 2035년, 2040년, 2045년, 2050년 |
| | 3. 월 | 1월, 2월, 3월, 4월, 5월, / 6월, 7월, 8월, 9월, 10월, / 11월, 12월 |
| | 4. 일 | 1일, 2일, 3일, 4일, 5일, / 6일, 7일, 8일, 9일, 10일, / 11일, 12일, 13일, 14일, 15일, / 16일, 17일, 18일, 19일, 20일, / 21일, 22일, 23일, 24일, 25일, / 26일, 27일, 28일, 29일, 30일, / 31일 |
| | 5. 요일 | 월요일, 화요일, 수요일, 목요일, 금요일, / 토요일, 일요일, 공휴일, 식목일, 현충일 |
| | 6. 년 | 1년, 2년, 3년, 4년, 5년, / 6년, 7년, 8년, 9년, 10년, / 15년, 20년, 30년, 40년, 50년, / 100년, 200년, 500년, 1000년, 2000년 |
| | 7. 개월 | 1개월(한 달), 2개월(두 달), 3개월(석 달), 4개월(네 달), 5개월(다섯 달), / 6개월(여섯 달), 7개월(일곱 달), 8개월(여덟 달), 9개월(아홉 달), 10개월(열 달), / 11개월(열한 달), 12개월(열두 달) |
| | 8. 일(간), 주일(간) | 하루(1일), 이틀(2일), 사흘(3일), 나흘(4일), 닷새(5일), / 엿새(6일), 이레(7일), 여드레(8일), 아흐레(9일), 열흘(10일), / 10일(간), 20일(간), 30일(간), 100일(간), 일주일(간), / 이 주일(간) |
| | 9. 시 | 1시, 2시, 3시, 4시, 5시, / 6시, 7시, 8시, 9시, 10시, / 11시, 12시, 13시(오후 1시), 14시(오후 2시), 15시(오후 3시), / 18시(오후 6시), 20시(오후 8시), 22시(오후 10시), 24시(오후 12시) |
| | 10. 분 | 1분, 2분, 3분, 4분, 5분, / 10분, 15분, 20분, 25분, 30분(반 시간), / 35분, 40분, 45분, 50분, 55분, / 60분(1시간) |

| MP3 | 주제 | 단어 |
| --- | --- | --- |
| | 11. 시간 | 반 시간(30분), 1시간, 1시간 반(1시간 30분), 2시간, 3시간, / 4시간, 5시간, 10시간, 12시간, 24시간 |
| | 12.시간사 | 오전, 정오, 오후, 아침, 점심, / 저녁, 지난주, 이번 주, 다음 주, 지난달, / 이번 달, 다음날, 재작년, 작년, 올해, / 내년, 내후년, 그저께(이틀 전날), 엊그제(바로 며칠 전), 어제(오늘의 하루 전날), / 오늘, 내일(1일 후), 모레(2일 후), 글피(3일 후), 그글피(4일 후) |
| | 13. 계절 | 봄(春), 여름(夏), 가을(秋), 겨울(冬) |
| | 14.방위사 | 동쪽, 서쪽, 남쪽, 북쪽, 앞쪽, / 뒤쪽, 위쪽, 아래쪽, 안쪽, 바깥쪽, / 오른쪽, 왼쪽, 옆, 중간 |
| | 15. 양사 | 개(사용 범위가 가장 넓은 개체 양사), 장(평면이 있는 사물), 척(배를 세는 단위), 마리(날짐승이나 길짐승), 자루, / 다발(손에 쥘 수 있는 물건), 권(서적 류), 개(물건을 세는 단위), 갈래, 줄기(가늘고 긴 모양의 사물이나 굽은 사물), / 건(사건), 벌(의복), 쌍, 짝, 켤레, / 병, 조각(덩어리, 모양의 물건), 원(화폐), 대(각종 차량), 대(기계, 설비 등), / 근(무게의 단위), 킬로그램(힘의 크기, 무게를 나타내는 단위), 번(일의 차례나 일의 횟수를 세는 단위), 차례(단순히 반복적으로 발생하는 동작), 식사(끼) |
| | 16. 인칭 대명사 | 인칭 대명사 : 사람의 이름을 대신하여 나타내는 대명사.<br>나, 너, 저, 당신, 우리, / 저희, 여러분, 너희, 그, 그이, / 저분, 이분, 그녀, 그들 |
| | 17. 지시 대명사 | 지시 대명사 : 사물이나 장소의 이름을 대신하여 나타내는 대명사.<br>이것, 이곳, 저것, 저곳, 저기, / 그것(사물이나 대상을 가리킴), 여기, 무엇(사물의 이름), 거기(가까운 곳, 이미 이야기한 곳), 어디(장소의 이름) |
| | 18. 의문 대명사 | 의문 대명사 : 물음의 대상을 나타내는 대명사.<br>누구(사람의 정체), 몇(수효), 어느(둘 이상의 것 가운데 대상이 되는 것), 어디(처소나 방향), 무엇(사물의 정체), / 언제, 얼마, 어떻게(어떤 방법, 방식, 모양, 형편, 이유), 어떤가?, 왜(무슨 까닭으로, 어떤 사실에 대하여 확인을 요구할 때) |
| | 19. 가족 | 할아버지, 할머니, 아버지, 어머니, 남편, / 아내, 딸, 아들, 손녀, 손자, / 형제자매, 형, 오빠, 언니, 누나, / 여동생, 남동생, 이모, 이모부, 고모, / 고모부, 사촌, 삼촌, 숙모 |
| | 20. 국적 | 국가, 나라, 한국, 중국, 대만, / 일본, 미국, 영국, 캐나다, 인도네시아, / 독일, 러시아, 이탈리아, 프랑스, 인도, / 태국, 베트남, 캄보디아, 몽골, 라오스 |

| MP3 | 주제 | 단어 |
|---|---|---|
| | 21. 인사 | 안녕하세요!, 안녕하셨어요?, 건강은 어떠세요?, 그에게 안부 전해주세요, 굿모닝! |
| | 22. 작별 | 건강하세요, 행복하세요, 안녕(서로 만나거나 헤어질 때), 내일 보자, 다음에 보자. |
| | 23. 감사 | 고마워, 감사합니다, 도와주셔서 감사드립니다. |
| | 24. 사과 | 미안합니다, 괜찮아요!, 죄송합니다, 정말 죄송합니다, 모두 다 제 잘못입니다, / 오래 기다리셨습니다, 유감이네요. |
| | 25. 요구, 부탁 | 잠시 기다리세요, 저 좀 도와주세요, 좀 빨리해 주세요, 문 좀 닫아주세요, 술 좀 적게 드세요. |
| | 26. 명령, 지시 | 일어서라!, 들어오시게, 늦지 말아라, 수업 시간에는 말하지 마라, 금연입니다. |
| | 27. 칭찬, 감탄 | 정말 잘됐다!, 정말 좋다, 정말 대단하다, 진짜 잘한다!, 정말 멋져!, / 솜씨가 보통이 아니네!, 영어를 잘하는군요.<br>※감탄사의 종류(감정이나 태도를 나타내는 단어) : 아하, 헉, 우와, 아이고, 아차, 앗, 어머, 저런, 여보, 야, 아니요, 네, 예, 그래, 애 등 |
| | 28. 환영,축하, 기원 | 환영합니다!, 또 오세요, 생일 축하해!, 대입 합격 축하해!, 축하드려요, / 부자 되세요, 행운이 깃드시길 바랍니다, 만사형통하시길 바랍니다, 건강하세요, 새해 복 많이 받으세요! |
| | 29. 식당 | 음식, 야채, 먹다, 식사 도구, 메뉴판, / 세트 요리, 종업원, 주문하다, 요리를 내오다, 중국요리, / 맛, 달다, 담백하다, 맵다, 새콤달콤하다, / 신선하다, 국, 탕, 냅킨, 컵, / 제일 잘하는 요리, 계산, 잔돈, 포장하다, 치우다, / 건배, 맥주, 술집, 와인, 술에 취하다. |
| | 30. 교통 | 말씀 좀 묻겠습니다, 길을 묻다, 길을 잃다, 길을 건너가다, 지도, / 부근, 사거리, 갈아타다, 노선, 버스, / 몇 번 버스, 정거장, 줄을 서다, 승차하다, 승객, / 차비, 지하철, 환승하다, 1호선, 좌석, / 출구, 택시, 택시를 타다, 차가 막히다, 차를 세우다, / 우회전, 좌회전, 유턴하다, 기차, 기차표, / 일반 침대석, 일등 침대석, 비행기, 공항, 여권, / 주민등록증, 연착하다, 이륙, 비자, 항공사, / 안전벨트, 현지시간 |

| MP3 | 주제 | 단어 |
| --- | --- | --- |
|  | 31. 물건 사기 | 손님, 서비스, 가격, 가격 흥정, 노점, / 돈을 내다, 물건, 바겐세일, 싸다, 비싸다, / 사이즈, 슈퍼마켓, 얼마예요?, 주세요, 적당하다, / 점원, 품질, 백화점, 상표, 유명 브랜드, / 선물, 영수증, 할인, 반품하다, 구매, / 사은품, 카드 결제하다, 유행, 탈의실, 계산대 |
|  | 32. 전화하기 | 여보세요, 걸다, (다이얼을)누르다, OO 있나요?, 잘못 걸다, / 공중전화, 휴대전화 번호, 무료 전화, 국제전화, 국가번호, / 지역번호, 보내다, 문자 메시지, 시외전화, 전화받다, / 전화번호, 전화카드, 통화 중, 통화 요금, 휴대전화, / 스마트폰 |
|  | 33. 인터넷 | 인터넷, 인터넷에 접속하다, 온라인게임, 와이파이, 전송하다, / 데이터, 동영상, 아이디, 비밀번호, 이메일, / 노트북, 검색하다, 웹사이트, 홈페이지 주소, 인터넷 쇼핑, / 업로드, 다운로드, pc방, 바이러스, 블로그 |
|  | 34. 건강 | 병원, 의사, 간호사, 진찰하다, 수술, / 아프다, 환자, 입원, 퇴원, 기침하다, / 열나다, 체온, 설사가 나다, 콧물이 나다, 목이 아프다, / 염증을 일으키다, 건강, 금연하다, 약국, 처방전, / 비타민, 복용하다, 감기, 감기약, 마스크, / 비염, 고혈압, 골절, 두통, 알레르기, / 암, 전염병, 정신병, 혈액형, 주사 놓다 |
|  | 35. 학교 | 초등학교, 중학교, 고등학교, 중·고등학교, 대학교, / 교실, 식당, 운동장, 기숙사, 도서관, / 교무실, 학생, 초등학생, 중학생, 고등학생, / 대학생, 유학생, 졸업생, 선생님, 교사, / 교장, 교수, 국어, 수학, 영어, / 과학, 음악, 미술, 체육, 입학하다, / 졸업하다, 학년, 전공, 공부하다, 수업을 시작하다, / 수업을 마치다, 출석을 부르다, 지각하다, 예습하다, 복습하다, / 숙제를 하다, 시험을 치다, 합격하다, 중간고사, 기말고사, / 여름방학, 겨울방학, 성적, 교과서, 칠판, / 분필 |
|  | 36. 취미 | 축구 마니아, ㅇㅇ마니아, 여가 시간, 좋아하다, 독서, / 음악 감상, 영화 감상, 텔레비전 시청, 연극 관람, 우표 수집, / 등산, 바둑, 노래 부르기, 춤추기, 여행하기, / 게임하기, 요리, 운동, 야구(하다), 농구(하다), / 축구(하다), 볼링(치다), 배드민턴(치다), 탁구(치다), 스키(타다), / 수영(하다), 스케이팅, 태권도 |
|  | 37. 여행 | 여행(하다), 유람(하다), 가이드, 투어, 여행사, / 관광명소, 관광특구, 명승지, 기념품, 무료, / 유료, 할인티켓, 고궁, 경복궁, 남산, / 한국민속촌, 호텔, 여관, 체크인, 체크아웃, / 빈 방, 보증금, 숙박비, 호실, 팁, / 싱글룸, 트윈룸, 스탠더드룸, 1박하다, 카드 키, / 로비, 룸서비스, 식당, 뷔페, 프런트 데스크 |
|  | 38. 날씨 | 일기예보, 기온, 최고기온, 최저기온, 온도, / 영상, 영하, 덥다, 따뜻하다, 시원하다, / 춥다, 흐린 날씨, 맑은 날, 비가 오다, 눈이 내리다, / 건조하다, 습하다, 가랑비, 구름이 많이 끼다, 보슬비, / 천둥치다, 번개, 태풍, 폭우, 폭설, / 황사, 장마 |
|  | 39. 은행 | 예금하다, 인출하다, 환전하다, 송금하다, 예금주, / 예금통장, 계좌, 계좌번호, 원금, 이자, / 잔여금액, 비밀번호, 현금카드, 현금 인출기, 수수료, / 현금, 한국 화폐, 미국 달러, 외국 화폐, 환율, / 환전소, 신용카드, 대출, 인터넷뱅킹, 폰뱅킹 |

| MP3 | 주제 | 단어 |
|---|---|---|
|  | 40. 우체국 | 편지, 편지봉투, 소포, 부치다, 보내는 사람, / 받는 사람, 우편물, 우편번호, 우편요금, 우체통, / 우표, 주소, 항공우편, EMS |
|  |  |  |
|  |  |  |
|  |  |  |
|  |  |  |
|  |  |  |
|  |  |  |
|  |  |  |
|  |  |  |

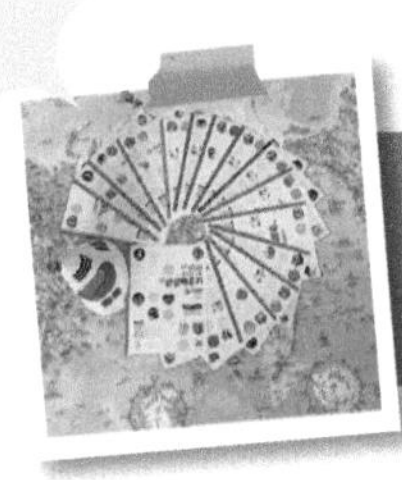

# 'K-한글'의 세계화 www,k-hangul.kr

1. 영어로 한글배우기
Learning Korean in **English**

2. 베트남어로 한글배우기
Học tiếng Hàn bằng **tiếng Việt**

3. 몽골어로 한글배우기
Монгол хэл дээр солонгос цагаан толгой сурах

4. 일본어로 한글배우기
**日本語**でハングルを学ぼう

5. 스페인어로 한글배우기(유럽연합)
APRENDER COREANO EN ESPAÑOL

6. 프랑스어로 한글배우기
Apprendre le coréen en **français**

7. 러시아어로 한글배우기
Изучение хангыля **на русском языке**

8. 중국어로 한글배우기
**用中文**学习韩文

9. 독일어로 한글배우기
Koreanisch lernen auf **Deutsch**

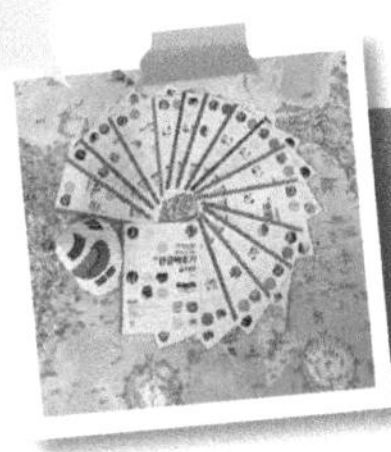

## 'K-한글'의 세계화 www,k-hangul.kr

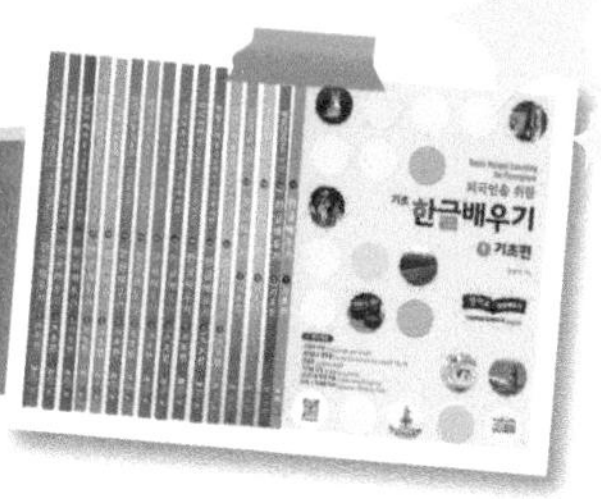

**10. 태국어로 한글배우기**
เรียนฮันกึลด้วยภาษาไทย

**11. 힌디어로 한글배우기**
हिंदी में हंगेउल सीखना

**12. 아랍어로 한글배우기**
تعلم اللغة الكورية بالعربية

**13. 페르시아어로 한글배우기**
یادگیری کره‌ای از طریق فارسی

**14. 튀르키예어로 한글배우기**
Hangıl'ı Türkçe Öğrenme

**15. 포르투칼어로 한글배우기**
Aprendendo Coreano em Português

**16. 스페인어로 한글배우기(남미)**
Aprendizaje de coreano en español

포르투칼어를 사용하는 국민을 위한 기초 한글 배우기

**한글배우기 1 기초편**

2025년 1월 10일 초판 1쇄 발행

발행인 | 배영순
저자 | 권용선(權容璿), Autor: Kwon Yong Seon
펴낸곳 | 홍익교육, Publicado por: Educação HongiK da Coreia
기획·편집 | 아이한글 연구소
출판등록 | 2010-10호
주소 | 경기도 광명시 광명동 747-19 리츠팰리스 비동 504호
전화 | 02-2060-4011
홈페이지 | www.k-hangul.kr
E-mail | kwonys15@naver.com
정가 | 14,000원
ISBN 979-11-88505-57-9 / 13710